Harald Baetge

Unterwegs in der Tuwaregion

Seelenreinigung im mongolischen Altai

Harald Baetge, Jahrgang 1965, geboren in der Lüneburger Heide, lebt als Hobbyautor in Berlin.

Sein erstes Buch *Der Zehnsonnenstern* veröffentlichte er 2010.

Es folgten *Unterwegs in der Gurungregion – ein kleiner Reisebericht* und *Ein Wahnsinnsgerät*.

Mit seinem neuesten Werk verarbeitet er Eindrücke und Erfahrungen aus einer Reise in den mongolischen Westaltai.

Die gemalten Bilder in diesem Buch stammen aus dem Pinsel von Heidi Lindenlaub.

Titelbild *Potanin-Gletscher*
von Heidi Lindenlaub

Copyright Harald Baetge 2018
© 2018
Satz, Umschlagsgestaltung, Herstellung und Verlag
BoD – Books on Demand, Norderstedt
ISBN 9783752803600

Liebe Mongolei,
In Dankbarkeit für eine unvergessliche, intensive und
erfüllte Reise in die Wildnis

*

Wahrhaftige Vorfreude auf einen Urlaub steigert die positive Intensivität desselbigen

*

Wenn mir jemand vor einigen Jahren prophezeit hätte, ich würde einmal in meinem Leben meinen Urlaub in der Mongolei verbringen, hätte ich ihn mit meinen Augen unglaubwürdig angeschaut, da mir der völlige Bezug zu diesem wunderbaren Land fehlt. Die Mongolei als Urlaubsland in Betracht zu ziehen, kommt für mich nicht in Frage, da ich über diese Region nichts weiß. Selbst die Taten des Dschingis Khan bleiben mir verborgen. Seinen Namen habe ich sicherlich mal gehört, aber ihn nie in Verbindung mit der Mongolei gebracht. Diese Bildungslücke soll mit dieser Reise geschlossen werden.

Meine Gedanken an einen Mongoleiurlaub liegen so weit weg, so weit, wie sich das Land über unendlich lange Ebenen und Gebirgsketten erstreckt. Ich weiß nur, dass die Region irgendwo in Asien liegt, in der Nähe von China. Welch unendliche Weite und farbenprächtige Schönheit sich hinter diesem Land verbirgt, soll ich erst mit dieser intensiven Reise erfahren. Sie kommt dann wie die Jungfrau zum Kinde zu mir.

Die Wende kommt im Spätsommer 2016, als Heidi mir gegenüber das Altaigebirge als mögliches Urlaubsziel erwähnt. Ich lasse es mir nicht nehmen, als Oldscooler das Internet zu Rate zu ziehen. Ich schaue mir einige Bilder an und ein angenehm wohliges Gefühl durchzieht meinen Körper. Ich erkenne starke Ähnlichkeiten mit Landschaften Tibets, die wir vor neun Jahren durchfahren hatten. So bekomme ich einen ersten zarten Eindruck über die Weite dieses Landes vermittelt. Nach wochenlanger Recherche entscheiden wir uns für eine individuelle Wander- und Schamanenreise im mongolischen Teil des Altai, angeboten von einer Reiseagentur aus Lindau, die sich auf solche Art von Reisen spezialisiert hat. Die letzten Details werden geklärt, Reisetermine abgestimmt. Dann ist es soweit. Im Januar buchen wir unsere Reise. Ab diesem Zeitpunkt stelle ich meinen Globus so ein, dass sich die Mongolei immer im meinem Blickfeld befindet. Es ist meine tägliche Verbindung mit dem Land, dass ich fast sechs Monate später mit Heidi bereisen soll und mir noch so unbekannt ist. Ungefähr 4,5 mal so groß wie mein Heimatland, im Norden angrenzend zu Russland, im Osten, Westen und Süden an der Grenze zu China. In dem an dünnsten besiedelten unabhängigen Staat des Planeten leben circa 3 Millionen Menschen, davon fast die Hälfte in der Hauptstadt Ulan Bator. Auch diese Zahlen unterstreichen die unendliche Weite des Landes, die ich mir in meinen kühnsten Träumen nicht so endlos vorgestellt habe. In den folgenden Monaten bin ich voller Vorfreude auf diesen für mich besonderen Urlaub, welcher dieses Prädikat aus folgendem Grund verdient: Geplant ist ein insgesamt neunzehntägiger Urlaub, von dem wir dreizehn Tage im Altaigebirge in der Westmongolei verbringen. Von den zwölf Nächten schlafen wir acht in einem Dreimannzelt.

Ich und Zelten! Zwei Welten prallen aufeinander. Als Zwölfjähriger hatte ich das letzte Mal im Vorgarten meines Elternhauses in der Lüneburger Heide gezeltet. Mal so eine Nacht in den Sommerferien. Und wenn es blöde wurde, konnte ich ins Haus gehen. Und nun acht Zeltnächte im Altaigebirge zwischen 2300 und 3000 m Höhe über dem Meeresspiegel. Ein Stadtkind auf den Spuren von Reinhold Messner. Kann das gut gehen? Kann man sich so im Urlaub erholen? Eine besondere Frage zu einem besonderen Thema. Warum tut man sich das an? Eigentlich ist es doch viel beruhigender, einen zweiwöchigen Urlaub in den Alpen zu planen, mit einer gemütlichen Ferien-wohnung als festen vorübergehenden Wohnsitz. Doch gerade dieses Unbekannte und das Ungewisse machen für mich den phantastischen Reiz aus. Fragt man einen Bergsteiger, warum er unter unmenschlichen Bedingungen, unvorhersehbaren Gefahren und Hindernissen auf den Berg steigt, so antworten die meisten von ihnen, *weil er da ist.* Die Anwesenheit des Berges übt auf ihn eine derartige Anziehungskraft aus, die ihn auf wundersame Weise in die unendlichen Weiten der schneebedeckten Bergmassive hinaufgehen lässt.

Genauso verhält es sich mit unserem Zeltabenteuer. Mein Wissen, in einigen Momenten mental und körperlich an die Grenzen zu kommen, verleiht mir diesen undefinierbaren Kick, der mich in den nächsten Monaten auf einer Woge der Vorfreude durch den Berliner Alltag tragen wird. Ich spüre bei mir diesen unbändigen Drang, dieses Abenteuer wirklich erleben und erfahren zu wollen, nicht in ein paar Jahren, sondern jetzt! Das wir in die Wildnis fahren werden, ist mir am Tage der Buchung und während der kommenden Monate nicht bewusst, da ich mir im Vorfeld nicht viele Gedanken mache und alles auf mich zukommen lasse. Bei früheren Urlauben habe ich die Gewohnheit gehabt, bereits vorher auf der Landkarte unsere geplante Reise durchzugehen, abgesehen davon, dass nun die Übernachtungsplätze nirgendswo verzeichnet sind. Das Wort Wildnis nimmt unsere Reiseleiterin am vierten oder fünften Tag zum ersten Mal in den Mund.

*

Das Erleben neuer Abenteuer erweitert den eigenen Horizont

*

Je näher der Zeitpunkt des Abfluges kommt, desto mehr steigt die Spannung. Wer es im Urlaub wie zu Hause haben möchte, der sollte gar nicht verreisen. Das habe ich mal irgendwo gelesen. Diese Behauptung stimmt wirklich. Genau aus diesem Grunde sitzen wir am 24.6.2017 in einem Taxi, welches uns auf asphaltierten gut ausgebauten Straßen über den Berliner Ring zum Flughafen Tegel bringt. Das Altaigebirge wird uns in den kommenden Tagen ein durchaus unwegsameres Gelände in einer außergewöhnlichen Umgebung präsentieren.

Berlin zeigt sich von seiner guten Seite, die Sonne lacht von einem türkisblauen Himmel und verabschiedet uns in eine andere ferne Welt, in der wir uns bewegen dürfen, weit weg von westeuropäischer Zivilisation und krankhafter Gesellschaft mit übertriebenen Leistungsdruck. Es ist ein gutes Omen, unser freundliches Gespräch mit dem netten Taxifahrer, der uns in den letzten Minuten vor dem Flug begleitet. Das Universum hat die wunderbare Gabe, uns jemanden auf die Straße zu schicken, der bereits im Altaigebirge seinen Urlaub verbracht hat. Durch seine kurzen Erläuterungen entsteht positive Energie, die sich auf Heidi und mir überträgt. Ein guter Anfang!

Mit vielen neuen Gedanken, Erwartungen und Hoffnungen besteigen wir den Airbus einer mongolischen Fluglinie. Als wir uns auf unsere reservierten Plätze begeben, erklingt aus den Boxen typische wohlklingende mongolische Musik als willkommene Einstimmung. Die Maschine landet planmäßig nach zweieinhalb Stunden in Moskau, um sowohl einige Gäste zu verabschieden und neue Gäste an Bord zu begrüßen, als auch aufzutanken.

Pünktlich heben wir nach circa zwei Stunden in den Moskauer Abendhimmel ab, um über die Weite Sibiriens nach Ulan Bator zu gelangen. Nach fünfeinhalb Stunden erreichen wir die Hauptstadt der Mongolei auf 1350 m Höhe, 6200 km von Berlin entfernt, und der Zeit sechs Sonnenstunden voraus. Sie gilt als das politische, wirtschaftliche und kulturelle Zentrum der heutigen Mongolei. Gegründet wurde die Stadt 1639 unter dem Namen Örgöö, weshalb sie in Europa bis ins 20. Jahrhundert hinein auch unter dem Namen Urga bekannt war. Ulan Bator ist mit einer Durchschnittstemperatur von minus vier Grad Celsius die kälteste Hauptstadt der Welt. Im Winter müssen die Menschen auch mal minus 45 Grad aushalten, wobei Schnee in der Mongolei eine Seltenheit ist. Die

Tatsache, dass die Sonne in einem sehr trockenem Klima 260 Tage im Jahr scheint, macht die eisige Kälte erträglicher. Da sich das Land erst 1992 für den Tourismus geöffnet hat, entwickelte sich die Stadt in den letzten fünfzehn Jahren zu einer modernen Metropole. Das können Heidi und ich gut erkennen, als uns Bolo mit dem Fahrer nach einer freundlichen und herzlichen Begrüßung vom Airport zu unserem Hotel chauffiert.

Unsere Unterkunft befindet sich in unmittelbarer Nähe zum Sukhbaatar Platz, dem Zentrum der Stadt, umgeben von prächtigen Bauwerken: der Oper, der Börse, dem Sitz der Stadtverwaltung und einer gigantischen Konstruktion aus Stahl und Glas, das Blue Sky Hotel, dem mit 105 m höchsten Gebäude der Mongolei, ein 5-Sterne-Hotel. Gegenüber, auf der anderen Seite des Platzes befindet sich das Parlamentsgebäude, in der Mitte eine über-dimensionale Figur des unter Säulen thronenden Dschingis Khan, der Herrscher des einst größten Reiches der Welt. Der Platz ist die Pulsschlagader der Stadt, wenn nicht der ganzen Mongolei, sie ist das Wahrzeichen, benannt nach dem Führer der mongolischen Revolutionäre aus dem Jahr 1921, dessen Denkmal sich auf der Mitte des Platzes befindet, auf dem Konzerte stattfinden und Touristen und Einheimische in friedlicher Atmosphäre flanieren.

Sukhbaatar gehörte einer Gruppe von Mongolen an, die 1920 russische Unterstützung gesucht hatten. Die Mongolei befand sich immer in Abhängigkeit von China und Russland, nachdem das Reich des Dschingis Khan sich aufgrund von Streit, Intrigen und Mord immer mehr selbst schwächte. Im 17.Jahrhundert kam die Mongolei unter chinesischer Verwaltung.

Nach dem Sturz des letzten Kaisers von China im Jahre 1911 löste sich die Mongolei von China und proklamierte sich als selbständiger Staat. Um von China unabhängig zu bleiben, benötigte sie die Hilfe Russlands als Unterstützer. Sankt Petersburg lenkte nach langem Zögern ein, da man ein Konflikt mit China vermeiden wollte. Im Jahre 1915 wurde zwischen Russland, China und der Mongolei vertraglich vereinbart, dass die Mongolei außenpolitisch von China abhängig ist, praktisch ohne Zustimmung Pekings keine Außenpolitik betreiben darf, wobei China die Zustimmung Russlands einzuholen hat. Weder China noch Russland darf die Mongolei besetzen. Doch schon 1919 nutzte China durch revolutionäre Unruhen eine

Schwäche Russlands und besetzte die Mongolei. Ein zaristischer Offizier namens Graf von Ungern-Sternberg schloss sich den Widerständlern an und eroberte Anfang 1921 mit 1000 Soldaten Urga (Ulan Bator). Danach wurde er Kriegsminister. Kurzzeitig wurde er als „Befreier von den Chinesen" gefeiert. Doch die Stimmung schlug um und er wurde zum verhassten Tyrann, der am 21. Juli 1921 durch die Rote Armee und den Leuten Sukhbaatars in die Flucht geschlagen wurde. Russland installierte nun eine Marionettenregierung, die Mongolei war ein Satellitenstaat geworden, der von den Russen wirtschaftlich, politisch und militärisch völlig abhängig war. Im Jahre 1924 wurde die Mongolische Volksrepublik proklamiert. Der Kreml erkannte 1924 die Souveränität Chinas über die Mongolei an , ausgenommen die mongolische Innenpolitik, die fortan identisch mit der des Kreml war. Erst 1946 verzichtete China offiziell auf seine Ansprüche, die Mongolei war nun unabhängig, die Freundschaft zu Russland blieb. Bis 1992 hieß das Land Mongolische Volksrepublik und wurde von der UdSSR als sozialistische Steppenkolonie fremdbestimmt. Formal war die Mongolei aber auch in den Jahrzehnten des Sozialismus ein unabhängiger

Staat. Seit dem Zusammenbruch des sozialistischen Regimes versucht sich die Mongolei erfolgreich in Demokratie.

Durch die Zeitumstellung erreichen wir gegen neun Uhr am Morgen unser Hotel. Bei trockenen dreißig Grad versuchen wir unseren beginnenden Jetlag in Form einer zweistündigen Pause in unserem kleinen gemütlichen Zimmer entgegenzuwirken. Unsere Körper sehnen sich nach horizontaler Ruhe. Zum Nachmittag soll es um ein paar Grad heißer werden. Das Mittagessen nehmen wir im BD´s Mongolian Barbecue Restaurant ein. Es ist wirklich zu empfehlen, hier vorbeizuschauen. Auf einem traditionellen mongolischen Grill werden die vom Gast ausgesuchten Zutaten in einigen Minuten professionell zubereitet. Es gibt ein breites Sortiment an Fleisch, Gemüse, Nudeln und Reis. Die einzelnen Zutaten können mit verschiedenen Soßen und Dips verfeinert werden. Für den Nachtisch ist auch gesorgt. Eine große Getränkeauswahl rettet Dich vor dem Verdursten. Gestärkt fahren wir zur Besichtigung des Gandan-Klosters, dem zentralen Heiligtum der Mongolei. Es befindet sich auf einem Hügel westlich des Stadtzentrums. Es wurde 1727 gegründet und 1937 während des stalinistischen Terrors in der Mongolei schwer beschädigt. Mehrere Gebäude wurden außerdem ganz zerstört. Die gesamte Anlage blieb bis 1944 geschlossen. Danach wurden einige Gebäude wieder genutzt.

Bis zum Jahre 1992 war es das einzige Kloster in der Mongolei, in dem religiöse Kirchenbräuche abgehalten wurden. Heute leben hier weit über fünfhundert Mönche, die Buddhismus praktizieren, welcher dem tibetischen Lamaismus untergeordnet ist. Das liegt daran, dass der Buddhismus im 13. Jahrhundert durch die Ausweitung des Mongolischen Reiches auf chinesischen und tibetischen Gebiet in die Mongolei kam. Durch die Nachfahren des Dschinghis Khan entwickelte sich eine enge Verbindung zwischen Tibet und den mongolischen Dynastien, die Jahrhunderte andauerte.

Und an diesem geschichtsträchtigen Ort werden Heidi und mir eine besondere Ehre zuteil. Wir können unsere gesamte Mongoleireise heiligsprechen lassen, indem die Mönche am darauffolgenden Morgen uns in ihrem traditionellen Morgengebet namentlich mit einbeziehen, uns für die gesamte Reise ein Schutzschild aufbauen und uns den Segen für einen reibungslosen Ablauf und gute Gesundheit geben. Auf diese Weise können wir bei der Fahrt durch die Wildnis auf geistlichen Beistand zählen. Eine gute Voraussetzung, um seinen Körper und seine Seele reinigen zu können. Für mich, der sich vom stressigen Berliner Arbeitsalltag stark beeinflussen ließ, eine will-kommende Möglichkeit, dieses alles hinter sich zu lassen, um mit viel Leichtigkeit und Gelassenheit diese Reise begehen zu können. Zur Einstimmung auf die bevorstehende Fahrt zum Altai erleben wir ab-schließend einen abendlichen Folkloreabend.

(Quellennachweis für den Text in diesem Buch auf Seite 10-17
https://de.wikipedia.org/w/index.php?title=Mongolei&action=history
https://de.wikipedia.org/w/index.php?title=Roman_von_Ungern-Sternberg&action=history
https://de.wikipedia.org/w/index.php?title=Gandan-Kloster&action=history)

Mongolischer Folkloreabend

Am Montag, den 26.6.2017 geht es in den frühen Morgenstunden mit unserem ganzen Gepäck zum Flughafen. Ein Regionalverkehrsflugzeug trägt uns durch den blauen Himmel über die endlosen Steppen und Gebirgsketten in den Aimag(Provinz) Khovd, ganz im Westen der Mongolei gelegen, 1135 km Luftlinie entfernt von der Hauptstadt. Wir landen nach circa drei Stunden in der gleichnamigen Stadt auf 1402 m über dem Meeresspiegel. Hier leben circa 30.000 Menschen, von denen viele Einzelwirtschaft betreiben. Sie züchten Vieh oder bauen Gemüse an. Die Gemüsewirtschaft ist dem nahe gelegen Fluß Bujant Gol zu verdanken. Da wir wieder näher an Europa sind, beträgt der Zeitunterschied zu Deutschland in dieser Gegend nur fünf Stunden. Wieder ein kleiner Jetlag zu verarbeiten, wir kommen von einen in den anderen, aber auch das werden wir meistern.

Voller Erwartungen rollt der Flieger auf dem kleinen Landefeld aus. Es sei angemerkt, dass sich jeder neue Tag hier in der Mongolei als „Volle Erwartungen...."- Tag herausstellen wird. Schon jetzt bin ich real von der Weite des Landes fasziniert. Heidi und ich befinden uns nun am Fuß des Altaigebirges. Wir verlassen das Flugzeug und gehen den kurzen Weg ins

Flughafengebäude. Dieser kleine Flughafen wird mit regelmäßigen Flügen von und nach Ulan Bator bedient. Der Drei-Stunden-Flug erspart einem die tagelange und anstrengende Autofahrt durch die mongolische Steppe. Khovd – das Tor zum mongolischen Westaltai.

Wir werden sehr herzlich von einem mongolischen Arzt empfangen, dessen Krankenhaus noch zu besichtigen gilt. Da unsere Reiseleiterin mit ihrer kleinen Gruppe noch vom Altai mit dem Geländewagen unterwegs ist, hat er kurzerhand die Vertretung übernommen. Seine Frau und seine kleine Tochter hat er gleich mitgebracht. Wir fahren zu unserem Hotel und checken ein. Unser Zimmer befindet sich im ersten Stock mit Blick auf die Straße. Das Gepäck wird nach oben gebracht. Die Hotel-angestellten wirken sehr reserviert und zurückhaltend gegenüber uns Westeuropäer. Als alles im Zimmer verstaut ist, schließen wir die Tür hinter uns, um nach unten zu gehen und den weiteren Ablauf zu besprechen. Ich prüfe die Tür noch einmal und betätige den Mechanismus auf eine Art und Weise, die dann ein erneutes Türaufmachen unmöglich macht. Ich versuche einige Male, die Tür zu öffnen, aber es gelingt mir einfach nicht. Das fängt ja gut an, denken wir. Wir nehmen es mit Humor und bitten den Doktor um Hilfe.

Er kommt mit einer Angestellten, um das Problem zu beheben. Aber es funktioniert nicht. Die Tür bleibt verschlossen. Alle unsere Sachen befinden sich im Zimmer. Der Doktor nimmt es gelassen und lächelt beruhigend. Dann kommt eine weitere Angestellte zu Hilfe, die sich mit diesem Mechanismus auskennt. Und ruck zuck in ein paar Sekunden ist die Tür auf. Alle lachen und sind glücklich. Uns wird noch einmal gezeigt, wie die Tür aufgeht und dann ist alles gut. Da der Holzrahmen der Tür stark verzogen ist, muss man ein wenig drücken und ziehen, und dann klappt es.
Da Heidi und ich immer noch ein wenig mit dem Jetlag zu kämpfen haben, ruhen wir uns zwei Stunden aus.
Wir haben uns um 14 Uhr zum Mittagessen verabredet. Der Doktor und seine Frau sind gegenüber uns sehr höflich und gastfreundlich. Sie erzählen über ihre Arbeit und über ihr Leben, so gut es eben auf Englisch geht. Er hat es sich zur Lebensaufgabe gemacht, eine Klinik in Khovd aufzubauen, die sich mit traditioneller mongolischer Medizin befasst. Da er als Kind in einer Jurte aufgewachsen ist, versucht er, die mongolische Kultur und das ursprüngliche mongolische Leben zu erhalten und an seine Kinder weiterzugeben. Er ist sehr daran interessiert, dass die mongolische Kultur auch in

der modernen Zeit weiter lebt. Seine Frau arbeitet in einer Schule als Englischlehrerin. Während des Essens laden die beiden uns in ihre Jurte ein, die sich am Stadtrand von Khovd befindet. Wir sind sehr angetan und nehmen die Einladung dankend an. Viele Einwohner, die es sich finanziell leisten können, haben neben ihrer Wohnung oder ihrem Haus eine Jurte außerhalb der Stadt, die in den Sommermonaten bzw. an Wochenenden bewohnt wird. Das dient zum einen der Erholung, aber auch zum anderen der Erhaltung ursprünglichen mongolischen Lebens. Diese Sommerjurte erfüllt den gleichen Zweck wie ein Berliner Kleingarten. Die Jurte kostet umgerechnet 1500 €. Eine Lehrerin verdient im Monat circa 600 €.

Nach dem Essen fahren wir zur Jurte, wo wir von den drei Kindern herzlich empfangen werden. Ganz nach mongolischer Tradition überreichen wir kleine Gastgeschenke wie Schmuck und Farbstifte, über die sich die Gastgeber sehr freuen. Uns wird Milchtee gereicht, der in der Mongolei überwiegend getrunken wird. In der Jurte ist es sehr gemütlich. Sie besteht aus einem einzigen kreisförmigen Raum, der durch eine nach Süden gerichtete Holztür betreten wird. Es ist das Sommerdomizil der Doktorfamilie. Für die mongolischen Nomadenfamilien bildet das Ger (mongolischer Name für Jurte, türkisch *Yurt* „Heim") den ganzjährlichen Lebensraum. In einem späteren Abschnitt geht der reisende Autor näher darauf ein.

Ich stehe mit Heidi in der Jurte und wir schauen uns gegenseitig an. Wie kann hier eine gesamte Familie auf so engem Raum leben? Der Durchmesser dieses mongolischen Zeltes - die Jurte ist keine Holzhütte oder ein Lehmhaus, sondern gehört zur Kategorie der Zelte - beträgt maximal zehn Meter.

Vergleichbar mit unserem Lebensstandard und unseren sozialen Lebensgewohnheiten in Europa ist es einfach unvorstellbar. Schlafen, kochen, essen, die Zeit vertreiben, Gespräche führen, nützliche Dinge tun, Karten spielen – alles in einem Raum mit der gesamten Familie. Die Frage bleibt zunächst unbeantwortet.

Nach diesem beeindruckenden Erlebnis verlassen wir den Ort und fahren zur Klinik des Doktors, sein ganzer Stolz. Er hat vor langer Zeit begonnen, einen Traum zu träumen. Seine Ambition ist, Menschen zu helfen, die in Not sind. Grundvoraussetzung ist für ihn, die mongolische Kultur mit den Heilkenntnissen aus Jahrtausender alter Tradition zu verbinden. So wird er Arzt für TMM (Traditionelle Mongolische Medizin), eine der ältesten Medizinsysteme der Welt mit einer 2500-jährigen Geschichte. Um sein Vorhaben nach seinen eigenen Vorstellungen und seiner eigenen Philosophie effizient umzusetzen, benötigt er Räumlichkeiten, um seine Landsleute sowohl ambulant als auch stationär behandeln zu können. Eine Klinik muss her, nicht im deutschen Sinne von Krankenhäusern, wie wir sie alle kennen, sondern ein kleines Spital mit einigen Krankenzimmern, Behandlungsräumen und einem Wartezimmer. Sozusagen eine etwas größere Arztpraxis mit einem kleinen Gebäude für stationäre Behandlung mit fünf Zimmern, die für je drei Patienten Platz bieten. Ein altes Gebäude wurde vor zehn Jahren zu einer Arztpraxis umfunktioniert. Damit Patienten stationär behandelt werden können, wird an dem Altbau ein neues Gebäude erstellt, das Spital. Und alles wird mit eigener Kraft erstellt. Der Glaube an die Heilung der Menschen versetzt hier das ganze Altaigebirge. Der Körperschweiß des Doktors und seinen Helfern ist in jeder Mauerfuge des Gebäudes zu erahnen. Und es hat sich wahrhaft gelohnt. Der Traum des Doktors wird wahr, weil er jeden Tag fest daran geglaubt hat. Das ganze Gebäude besitzt die Größe eines deutschen zweistöckigen Mehrfamilienhauses, welches nicht mit hiesigen Verhältnissen zu vergleichen ist. Es ist alles einfach gehalten, die Zimmer für die Patienten mit drei Metallbetten und jeweils einem kleinen Holzschrank ausgestattet. Die wichtigsten medizinischen Geräte und eine große An-sammlung bedeutsamer Heilkräuter gehören zum Inventar. Es ist alles Wichtige vorhanden, um Menschen zu helfen und Leben zu retten. Dieses kleine mongolische Spital am Rande des Altai ist ein Beweis dafür, dass nicht nur moderne Krankenhäuser mit ihrer modernen Technologie ihre Berechtigung haben. Die gefährlichen Krankenhauskeime in unserer zivilisierten westlichen Welt möchte ich an dieser Stelle nicht erwähnen. Nach der eindrucksvollen Spitalbesichtigung geht es mit dem Auto aus der Stadt raus aufs Land, auf einer kilometerbreiten Sandschotterpiste an uns entgegenkommenden mongolischen Reitern und unzähligen Jurten vorbei, in Sichtweite die ersten braunfarbigen Gebirgsketten des Altai, eingetaucht in einem blauen von einigen Wolkenfeldern durchzogenen Himmel. Als wir nach zwanzig Minuten aus dem Auto aussteigen, lacht uns die mongolische Sonne entgegen. Sie erwärmt unsere Körper und unsere Herzen. Wir atmen tief durch und spüren die

Weite des Altai. Wir befinden uns auf einer großen saftigen Grasfläche, auf der Kühe und Schafe weiden. Wir sind umgeben von vielen Jurten. In weiterer Ferne gibt es auch einige Touristengercamps, in denen Urlauber aus aller Welt das spannende Jurtenleben nachempfinden können. Ein Kilometer weiter beginnt der Boden sandig und steinig zu werden, da es hier keine Wasserquellen gibt. Die steinigen Felsformationen des beginnenden Altai nehmen hier ihren Anfang. Für uns ist es ein harmonischer phantastischer Einstieg in unser Mongoleiabenteuer. Ich gehe einige Meter auf dem weichen saftgrünen Grasboden und lasse mich einfach fallen, keine Bedenken vor Mücken, Fliegen, Zecken oder sonstigem Insektenvolk. Sekundenspäter liege ich auf dem Rücken und streckte alle Viere von mir und schreie meine Begeisterung in den Nachmittagshimmel von Khovd. Die unbeschreibliche Natur hat mir die Leichtigkeit gegeben, mich fallen und den heimatlichen Alltagsstress von mir zu lassen. Mit dieser urplötzlichen Regung beginnt meine Seelenheilung.

Wir fahren zum Hotel zurück, um unsere Reiseleitung zu begrüßen, die in der Zwischenzeit aus dem kleinen

Ort Tsengel , 300 km nordwestlich von Khovd gelegen, eingetroffen ist.

Es sind Orgi, unsere Reiseleiterin, ihr Mann Bayaraa der Fahrer und dessen Bruder Dawaa, der Koch. Es ist eine freundliche Begrüßung und man wird schnell untereinander warm. Diese drei netten Menschen werden uns also in den Hochaltai begleiten. Die Verantwortung, uns sicher durch das Gebirge zu bringen, liegt demnach in einem gut geführten Kleinfamilienbetrieb. Ein angenehmes Gefühl überkommt mich und Heidi. Wir fühlen uns vom ersten Moment bestens aufgehoben. Abends gehen wir noch zusammen essen, um dann anschließend auf dem Hotelzimmer der Reiseleitung als Absacker eine Dose Bier und einen Wodka zu uns zu nehmen. Wir stoßen auf eine gute Reise an und gehen dann zu Bett. Gute Nacht und bayartai.

Es geht endlich los! Wir schreiben den 27.6.2017. Ziel unser heutigen Etappe ist der kleine Ort Tsengel, dreihundert spannende Kilometer entfernt, gelegen in der westlichsten Provinz der Mongolei, mit dem Namen Bayan Ulgii. Dieser Aimag besteht aus vierzehn Sum (Landkreis). Unser Zielort befindet sich im gleichnamigen Sum, dem westlichsten Kreis der Mongolei, an der Grenze zur Volksrepublik China. Als wir auf einer Teerstraße die Provinzhauptstadt verlassen, setzt ein leichter Regen ein. Ein wolkenverhangener Himmel begleitet uns auf den aufregenden Weg in den Hochaltai. Die Sonne, die uns noch am gestrigen Tag freudig begrüßt hat, gönnt sich eine Auszeit. Nach einigen Kilometern verschwindet die Teerstraße und geht in unendlich langen Sand -und Schotterpisten über. Diese ziehen sich durch kilometerbreite Ebenen, umgeben von unzähligen Gebirgsketten. Heidi und ich haben das Gefühl, das sich das Land in seiner ganzen Vielfalt und Weite für uns öffnet und uns herzlich willkommen heißt. Der in dieser Gegend von der Natur gegebene trockene Boden verhindert eine Baumbewachsung. Sand, -Schotter und Steinböden wechseln sich hier ab. Lediglich kniehohe Krautbüschel haben in dieser hügeligen Gegend, die immer wieder von weiten Ebenen durchzogen wird, eine von Gott gegebene Chance. Es ist schlicht gesagt, ein erster phantastischer Eindruck, den wir von dieser Natur erhalten dürfen. Wir sind voller Dankbarkeit, diese wundervolle Erfahrung zu erleben und zu genießen. Ja, es ist wahrhaft ein Genuss, mit dem Jeep hier entlang zu fahren und die Impressionen in uns aufzusaugen. Vorne sitzen Orgi und ihr Mann Bayaraa, der das Gefährt schlafwandlerisch sicher durch die Landschaft lenkt. Auf den hinteren Plätzen befinden sich die beiden Touristen mit Dawaa, dessen Kochkünste noch bestaunt werden dürfen.

Nach einer Stunde sehen wir den ersten Owoo, auch Obo genannt. Hier handelt es sich um einen ungefähr zwei Meter hohen Steinhaufen, der in der Mongolei auf vielen Passhöhen zu finden ist. Er wird zu kultischen Zwecken zusammengetragen, damit in einer speziellen Zeremonie den Reisenden das Glück zur Seite steht. Wir werden diese Owoos öfters sehen und zu einem späteren Zeitpunkt einem spirituellen Ritual beiwohnen. Während wir immer mal wieder anhalten und die vielfältige Natur bestaunen dürfen, entdecken wir beim nächsten Halt sogenannte Hirschsteine, die direkt am Wegesrand aus der Erde ragen. Es sind mit

Hirschfiguren, Schmuck, Gürteln und Werkzeugen verzierte Steinstelen von circa 0,5 bis 3 m Höhe. Der mongolische Name lautet *khirigsuur*. Ihren Namen verdanken die um etwa 1000 v. Chr. von bronzezeitlichen Nomaden errichteten Steinen den darauf abgebildeten fliegenden Hirschen. Bisher wurden neunhundert dieser Steine entdeckt, davon alleine siebenhundert in der Mongolei. Archäologen haben herausgefunden, das sich in einigen Fällen Gräber unter diesen Steinen befunden haben müssen. Da Hirsche oder Rentiere zentrale Figuren im eurasischen Schamanismus sind, kommt hier die Verehrung von Hirschgöttern stark zum Ausdruck.

Mit diesen Eindrücken steigen in wir in das Auto und fahren weiter über die Sandpisten des Altai. Ich erkenne manchmal keinen Weg, keine Straße, die uns weiterführt, sondern nur eine riesengroße Fläche, die uns über die Weite des Landes trägt. Mal donnern wir einfach hinweg, mal bewegen wir uns in Schrittgeschwindigkeit durch steiniges und hügeliges Gelände, ohne jegliches Orientierungsgefühl, die vier Himmelsrichtungen außer Kraft gesetzt. Wir lassen uns einfach treiben, im guten Vertrauen, einen Klassefahrer vorne am Steuer zu haben, der anscheinend diese beginnende Wildnis wie seine eigene Westentasche kennt. Und der Schein trügt ganz und gar nicht. Unser Vertrauen gibt uns recht. Nach den wenigen Stunden, die wir zusammen fahren, spüren wir eine Sicherheit, die nicht nur durch die Segnung der Mönche in Ulan Bator zu erklären ist. Unsere drei Begleiter strahlen eine wohlige Ruhe und Harmonie untereinander aus, die vermeintlich ansteckend ist. Mir fällt auf, dass besonders die beiden Männer sehr leise und bedacht sprechen. Eine Erklärung dafür erhalte ich erst nach der Reise, lange wieder in Berlin und in den stressigen Alltag eingetaucht.

Urplötzlich halten wir und stehen vor einem riesengroßen Wasserloch, dessen Tiefe nicht zu erahnen ist. Da sollen wir durch? Ich schaue ein wenig ungläubig zu Heidi herüber. Sie lächelt mich nur an, nach dem Motto „ das wird schon". Bayaraa spricht irgendetwas auf Mongolisch zu seiner Frau oder vielleicht auch zu seinem hinter ihm sitzenden Bruder, welcher in ruhigem Ton knapp antwortet. Scheint mir, dass die beiden die Wassertiefe und Bodenbeschaffenheit abgeschätzt haben und übereingekommen sind, hindurch fahren zu können. Und schon tritt Bayaraa in der nächsten Sekunde aufs

Gaspedal und unser Fahrzeug gleitet zügig durch das Wasser. Es ruckelt und wackelt, Wasser schäumt und spritzt hoch, ich habe für zwei Sekunden das Gefühl, unser Auto schwimmt und hat kurzzeitig die Bodenhaftung verloren, um ein paar Sekunden später wieder auf festen Boden zu stehen. Und weiter geht's, keine Aufregung, alles normal. Heidi und ich werden schnell lernen, dass in dieser Gegend je nach Wasservorkommen immer wieder Wasserlöcher, Wasserläufe und kleine Flüsse zu durchfahren sind. Während sich bei uns Stadtkindern bei solchen Aktionen Abenteuergefühle auslösen, geht unsere Reiseleitung mit alltäglicher Routine und mongolischer Gelassenheit ans Werk.

Während uns das Auto weiterhin durch die Natur trägt, haben wir die Möglichkeit, ihre Vielfalt an Farben und Landschaften zu bewundern. Neben den teilweise rotbraun eingefärbten Sandwegen schimmert der Boden in einem durch von kurzgewachsenen Gräsern hervorgerufenen hellgrünen Ton. Zwischendurch Sand, dann mal wieder vertrocknete Gräser, die je nach Sonnen- und Wolkenspiel ein leichtes Gelb hervorlocken. In der Ferne die von unzähligen Ebenen durchzogenen unterschiedlich angelegten

Gebirgsketten, die je nach geologischen Vorkommen schwarz, blau, braun und rot leuchten. Schiefer, Porphyr, Granit und Eisenerz sind die Botschafter des abwechslungsreichen Farbenspiels, welches durch das individuelle Zusammenwirken von Sonnenlicht und diversen Wolkenformationen seine eigene Kreativität zum Ausdruck bringt. Jeder Moment sieht anders aus. Das menschliche Auge ist abhängig von seiner eigenen Wahrnehmung, von Schatten und Licht. Der mongolische Altai besteht zu vierzig Prozent aus Schiefergestein. Daher überwiegt eine schwarzblaue Fassade unter dem Firmament, die abhängig von Wind und Licht mal hell, mal dunkel erscheint. Sind auf den Felsen vereinzelte Moosschichten gewachsen, die teilweise dann wieder vertrocknet sind, und hat der Schiefer dem Porphyr für eine Gebirgskette den von Gott gegebenen Vortritt gegeben, so schimmert der ganze Altai, oder besser gesagt, der Ausschnitt, den unser menschliches Auge zu sehen bekommt, schwarz-blau-grün-gelb-rot. Eine Wohltat für die Seele, und kein Mensch weit und breit, nur Heidi und ich, und unsere drei lieben Begleiter, die uns im weiteren Verlauf der Reise ans Herz wachsen werden. Und da in dieser wundervollen Umgebung, eine Spezi an Lebewesen nicht fehlen darf, haben die mongolischen Ortsgeister eine riesengroße Herde Schafe und Kühe in die Landschaft gesetzt. Irgendwo in der Ferne haben wir zwei Jurten gesehen, deren Nomadenbewohner auf die Tiere angewiesen sind. Das Zusammenleben zwischen Nomaden und Tieren ist in der Mongolei eine elementare Geschichte, die im späteren Verlauf näher beleuchtet wird.

Wir kommen an einer kleinen Herde Kamele vorbei, die direkt am Wegesrand auf einer Grasfläche weiden und zu uns herüberschauen, da wir kurz ausgestiegen sind, um die Idylle auf der Kamera festhalten zu wollen.

Hinter den Kamelen beginnt eine kilometerlange Ebene, die dann in eine hügelige Landschaft übergeht, an der sich dann leicht schneebedeckte, den Hochaltai ankündigende Gebirgsketten anschließen. Ein violett-grünes Farbenspiel geht in eine schwarz-blau-braun dunkle Landschaft über. Es ist überwältigend mit anzusehen, wie das Landschaftsbild von Wolken-und Sonnenspiel abhängig ist. Sicherlich ist es keine neue Erkenntnis, nur kommt sie hier im Altaigebirge durch die breite Farbenpalette sehr zum Ausdruck. Balsam für unsere Augen und für unsere Seele. Immer wieder sind wir von den verschiedenen Eindrücken wohlig gefangen und möchten nicht aus dieser Komfortzone hinausgeleiten. Das wird auch nicht passieren, da wir von einer in die nächste gelangen.

Nach einigen Stunden machen wir eine Rast. Nicht an einer Tankstelle oder an einem Imbiss, da weit und breit nichts ist, rein gar nichts. Man stelle sich vor, Heidi und ich sind mit den drei Begleitern an einem Ort, um den gefühlte hundert Kilometer herum sich nichts befindet, was an geordneter Infrastruktur erinnern würde. Vielleicht tauchen mal einige Jurten in der Ferne auf, die wir hinter uns gelassen haben. Um uns fünf herum ist nur die Natur mit ihren Wald-, Berg-, und Seegeistern und natürlich die Schafe, Ziegen, Kühe und Yaks, die uns wenige Male begegnen. Also wird das Auto zur Küche, zum Aufenthaltsort. Hier ist alles verstaut, was wir für die nächsten Tage zum Leben benötigen. Gaskocher, Lebensmittel, Töpfe, Geschirr, Decken, Klappstühle, Tisch und zwei Zelte. Und somit wird aus dem *rein gar nichts* sehr viel. Die Natur ist die Infrastruktur, aus der wir die Sicherheit und Kraft schöpfen. Wir stoppen mit dem Jeep irgendwo auf einer endlosen von Gebirgsketten umgebenen Ebene, um das Mittagslager aufzuschlagen. Innerhalb von zwanzig Minuten hat Dawaa ein leckeres Mittagsessen

35

gezaubert. Nudelsuppe mit Yakfleisch und Gemüse, dazu Weisskrautsalat. Als Nachtisch wird ein Schokoriegel gereicht. In herrlicher purer Natur genießen wir das Essen und stärken uns.

Danach geht es weiter in die Hauptstadt der Provinz Ulgii auf einer Höhe von circa 1700 m. Hier leben ungefähr 28000 Menschen, viele von Ihnen Kasachen. Die Mongolen befinden sich in dieser Gegend in der Unterzahl, was zu einer Verwässerung der urmongolischen Kultur führen könnte. Kasachstan ist fast doppelt so groß wie die Mongolei, und bei einem Blick auf die Weltkarte kommt man in die Versuchung, von Nachbarländern zu sprechen. Bei genauerer Betrachtung erkennt man, dass sich noch russische und chinesische Gebiete zwischen den beiden Ländern befinden.

Wir haben nun zweihundertundzwanzig Kilometer mit dem Jeep zurückgelegt und fahren zu einem kasachischen Markt, um einige Einkäufe zu erledigen. Ich lasse es mir nicht nehmen, in einem Süßwarenladen kasachische Köstlichkeiten zu kaufen. Es ist ein buntes Farbenmeer, was uns erwartet. Die ganzen Artikel sind in farbigen Papier eingewickelt, so dass zwischen verschiedenen Gebäcksorten alle Farben des Altai wieder zu sehen sind.

Nach einem kurzen Aufenthalt fahren wir die letzten achtzig Kilometer nach Tsengel und kommen gegen 18 Uhr an. Der kleine Ort liegt außerhalb des Nationalparks Altai Tavan Bogd, gilt aber als Einstieg für Wanderer und Bergsteiger. Die Dreitausendseelengemeinde bildet das Tor zum Hochaltai. Wir werden herzlich von unserem Gastgeberpaar Tuja und Turku empfangen. Zur Begrüßung gibt es Milchtee, getrockneten Käse und mongolisches Gebäck, Boortsog. Hierbei handelt es sich um ein in Schafsfett goldbraunfarben frittiertes Buttergebäck, welches aus Wasser, Mehl und Butter angemischt und zu jeder Tageszeit angeboten wird. Der Milchtee wird uns in henkellosen Tassen gereicht. Uns schmeckt er sehr gut. Ist einem nicht nach diesem Getränk, so sollte er aus Respekt und Höflichkeit einen Schluck trinken und das Gefäß schweigsam auf den Tisch zurückstellen. Diese Reaktion wird vom Gastgeber geachtet. Wird ausgetrunken, so wird auch unaufgefordert nachgeschenkt, in der Annahme, dass es dem willkommenen Gast schmeckt, worüber sich die mongolischen Gastgeber besonders freuen und

Glücklichkeit ausstrahlen. Nach dem Abendessen wird uns das Schlafgemach gezeigt. Wir dürfen die besondere Ehre erfahren, im Ehebett zu schlafen, während die Gastgeber im Arbeitszimmer übernachten. Zum Abschluss und als Zeichen des herzlichen Willkommens trinken wir mongolischen selbsthergestellten Milchschnaps aus einem kleinen Glas, welches die Runde macht. Dabei ist zu beachten, dass das Glas mit der rechten Hand in Empfang genommen wird, wobei mit der linken inneren Handfläche der rechte Unterarm andeutungsweise unterstützt wird. Dem Überreicher des Glases wird dabei freundlich direkt in die Augen geschaut und mit einem leichten demütigen Kopfnicken schweigsam bzw. mit einem leise hauchenden *bayala* höflich gedankt. Diese Handhaltungszeremonie drückt Respekt und Dankbarkeit gegenüber dem Gastgeber aus. Hier im mongolischen Westaltai scheint alles auf Respekt, Ruhe und Rücksichtnahme ausgelegt zu sein. So wie der Mongole die gesamte Natur mit ihrer Tier-und Landschaftswelt im höchstem Maße achtet, so überträgt sich diese Lebenseinstellung auch im alltäglichen Umgang mit seinen Mitmenschen. Mit den

Erlebnissen des ersten Tages im Altaigebirge fallen wir beide in einen tiefen geruhsamen Schlaf.

Kasachischer Süßwarenladen in Ulgi

Beim Aufstehen und den ersten Blick durchs Fenster wundere ich mich über den zweiten Jeep, der im Hof steht. Während des Frühstücks in der einfach eingerichteten Küche klärt uns Orgi auf. Unsere Abenteuerseelen sind nun an einem Punkt der Reise angekommen, wo es sinnvoll erscheint, mit zwei Jeeps den weiteren Weg unserer Altaitour zu bestreiten. Wir hatten gestern bereits einen Einblick in die einsame und unwegsame Natur bekommen. Aus Sicherheitsgründen hält es Orgi für besser, zwei Autos mit gleicher Besetzung auf die Reise zu schicken. Wir horchen auf und überlegen, ob wir eventuell weggeklaut werden können, ein Auto lässt sich ja leichter verschwinden als zwei. Dem ist aber nicht so. Wir brauchen vor Übergriffen keine Angst zu haben, lässt uns Bayaraa mitteilen. Da wir ab heute in ein noch einsameres und unwegsameres Gebiet kommen, ist es unbedingt ratsam, so zu verfahren, da im für uns nicht eintreffenden Notfall ein Auto von dem anderen rausgezogen werden kann. Hier in der Mongolei hat der Wettergott die Hosen genauso an, wie anderswo auf der Welt, der innerhalb von kurzer Zeit aus festen Böden sumpfige und schlammige Verkehrsfallen aufstellen kann. Über das ganze Jahr gesehen weint der mongolische Himmel Im Altaigebirge sehr selten. Die Menschen hier freuen sich über Regen, da Wasser ein kostbares und seltenes Gut ist. Und die Touristen, die in das Land kommen und den Regen bringen, werden mit Freundlichkeit und Dankbarkeit überhäuft. Heidi und ich werden dazugehören. Zudem wundern wir uns, wie aktiv Turku an den Reisevorbereitungen teilnimmt. Es hat den Anschein, dass er uns begleiten wird. Orgi erklärt uns, er sei in den letzten Jahren ein Freund der Familie geworden und wird einige Tage mit uns fahren. Für Turku ist es eine Art Auszeit aus dem harten Alltag in Tsengel und eine willkommene Abwechslung. Als Tuwiner, ein Zugehöriger der gleichnamigen Volksgruppe, abgeleitet von der russischen Republik Tuwa, die sprachlich zu den Turkvölkern zugerechnet wird, hat er keinen leichten Stand in Tsengel, das Zuhause der turksprachigen Tuwa, da die kasachische Bevölkerung, sowohl im wirtschaftlichen als auch im politischen Bereich, die Fäden in der Hand hat. Aber auch aus einem anderen Grund wird Turku für uns zu einem wichtigen Begleiter, den wir in diesem Moment so wenig erahnen können, wie die kommenden tiefen Weiten des Altai. Mit jedem gefahrenen Kilometer gen Westen entfernen wir uns der Zivilisation und tauchen immer mehr in die unberührte und fabelhafte Natur der Wildnis ein. Um uns das zu ermöglichen, geben die drei Männer Bayaraa, Dawaa und Turku ihr letztes Hemd. Hier und da wird noch am Auto geschraubt, kontrolliert und gereinigt. Kochutensilien, Decken und Zelte werden gecheckt und verstaut. Es wird geprüft, stellenweise geändert und neu geordnet. Und das geschieht alles sehr leise, ruhig, überlegt und bedacht. Und zwischendurch wird auch mal gelacht. Mit diesem Zufallsreim endet die Arbeit. Der Zeitpunkt des vorläufigen Abschieds von der immer lächelnden Tuja ist gekommen. Mir scheint es, auch im traurigen Zustand ist ihr Gesicht mit glücklicher Ausstrahlung gesegnet. Eine kurze herzliche Umarmung, und dann verlassen die beiden Toyota Landcruiser den Hof. Irgendwie wird Tuja in den nächsten Tagen dennoch bei uns sein, auf wundersame Weise mit uns verbunden. Obwohl körperlich hundert Kilometer entfernt, werden wir sie ganz nah spüren. In welcher Form? Das erfahren wir später, Heidi und ich, die beiden Weltstadtkinder, in dem einsamsten der einsamsten Orte auf unserem geliebten Planeten.

Auf in ein neues Abenteuer, am heutigen Abend des 28.6.2017 werde ich das erste Mal nach fast vierzig

Jahren mich in ein Zelt begeben, um in einsamster Wildnis auf circa 2700 m Höhe zu schlafen. Orgi, Bayaraa, Heidi und ich haben in dem einen Auto Platz genommen, während Dawaa Turku als Begleiter neben sich hat.

So machen wir sechs uns auf, bei bestem Wetter. Die Sonne scheint, vereinzelte Wolkenfelder bekleiden den azurblauen Himmel. Raus auf die Steppe, vertrockneter sandiger Boden, nirgendswo Bäume, nur vereinzelte winzige Baumgruppen direkt am Ufer des Flusses, der uns kurz begleitet. In weiter Ferne links und rechts blauschwarz schimmernde Gebirgsketten. Mit diesen Eindrücken lassen wir Tsengel hinter uns. Nach einem langen Tag mit langer Fahrt werden unsere demütigen und abenteuerbehafteten Seelen im Nationalpark Altai Tavan Bogd am heiligen Berg Shiveet angekommen sein, unserem ersten Zeltplatz. Um dort überhaupt hinzugelangen, müssen unsere Autos sehr viel leisten, und unsere fleißigen Fahrer ebenso.

Nach ungefähr einer halben Stunde tauchen wir in die endlose Einsamkeit ein. Der Leser wird jetzt vielleicht vor Langeweile gähnen, da er erahnt, dass der Autor zum wiederholten Male von der unendlichen Weite dieses Landes, mit seiner breiten Farbpalette inbegriffen , zu schwärmen beginnt. Möge er ihm wohlwollend verzeihen, denn das Fundament der Faszination für die Mongolei besteht gerade darin. Wir scheinen alleine auf der Welt zu sein, weit und breit keine Menschenseele, nur tausende von Berggeistern, die uns auf der Reise sicheres Geleit geben. Wir machen einen kleinen Stopp, die Männer prüfen das Kühlsystem, öffnen die Motorhaube, damit die sich darunter befindende Motortechnik ein wenig erholen und abkühlen kann. Ölstand und Befindlichkeit von Luftfilter und Vergasern werden kurz überprüft, während Orgi, Heidi und ich an zwei in unmittelbarer Nähe aus der trockenen Erde ragenden Hirschsteinen kraftvolle Energie tanken. Wir fahren weiter an in trockenen Sandböden kurzen Grasbüscheln, an die sich eine unendlich weite, ebene und saftgrüne von Sumpfgebieten und Wassertümpeln durchzogene Graslandschaft anschließt. Diese Ebene erstreckt sich so weit, wie das menschliche Auge gucken kann. Heidi kommt der Gedanke, wenn sich hier die Berggeister unterhalten wollen, müssen sie schreien, damit sie es auf der anderen Seite noch hören.

Am Horizont erblicken wir unzählige schneebedeckte Gebirgsketten, die von weiteren Ebenen unterbrochen sind. Mir scheint es, die vergleichbare Strecke von Hannover nach Hamburg liegt vor uns, und dazwischen nur die pure Natur, die uns sechs Reisende in ihren Bann zieht. Der blaue Himmel mit seinen vielen Wolkenfeldern wacht über uns und produziert immer wieder neu ausgerichtete Schatten-bilder auf die Bergmassive, dank des unkoordinierten Zusammenspiels von Wind, Wolken und Sonne.

Nachdem wir einige Wasserläufe durchquert haben und über Sandwege und unwegsames Gelände gefahren sind, machen wir nach zwei Stunden irgendwo auf der Ebene Mittagspause. Hier ist es wirklich sinnvoll, mit zwei Autos unterwegs zu sein. Hier in der bezaubernden Wildnis, die die Technik kompromisslos in die Schranken weist. Handys, Tablets und Notebooks sind zu nutzlosen Statisten geworden. Gottvertrauen wird hier ganz groß geschrieben. Oder nehmen wir als Vertrauenspartner das Universum, die Engel, die Berge, Flüsse und Tiere oder sämtliche Ortsgeister. Jeder einzelne Reisende kann das für sich entscheiden, auf wen er sich verlassen möchte. Er kann sich auch selbst benennen und sich ein gutes , wohliges Karma schaffen. Natürlich dürfen wir die Mönche aus der Hauptstadt nicht vergessen. Ihr freundliches Lächeln und ihre friedvolle Ausstrahlung sind bei uns.

Wie genießen das Essen mit Blick auf tausende von Steinen und Findlingen in allen möglichen Formen und Größen, die hier in dieser Gegend auf dem Boden liegen und teilweise aus der Erde ragen. Die Steine scheinen Jahrhunderte hier zu ruhen und tragen unzählige Geschichten und Abenteuer in sich. Vielleicht spürten sie die Hufschläge der Pferde des machtvollen und unglaublichen Herrschers Dschingis Khan.

Nach zwei weiteren Stunden, in denen wir unter anderem mit dem Auto durch einen reißenden Fluss gefahren sind, erreichen wir den Berg Shiveet. Dieser 3350 m hohe heilige Berg trägt unzählige Felszeichnungen von Maralhirschen und anderen wild lebenden Tieren. Zu Fuß erreichen wir eine leichte Anhöhe, die sich noch im unteren Bereich des Steinmassivs befindet, auf der wir die alten Zeichnungen bewundern können. Bereits vor Jahrhunderten wurde der Hirsch von den dort lebenden Menschen als Krafttier verehrt und in dieser Kunst verewigt. Von der Anhöhe, auf der wir uns befinden, bietet sich ein wunderbarer Blick ins von Gebirgsketten umschlossene Tal, durch das wir heute gefahren sind. Ich halte einen Moment inne und schließe meine Augen, um diesen Moment zu bewahren. Ich spüre meinen Herzschlag, ruhig und langsam, bedächtig und wohlig, die Aura des Westaltai und der hier lebenden Menschen umschließt mich mit der gesamten Weite des Landes. Das Lebensgefühl der Mongolei befindet sich in diesem Moment in meinem Herzen. Ich strahle Ruhe und Gelassenheit aus, Demut und Respekt vor dem Land, das mich hier für neunzehn Tage aufgenommen hat. Nur Neunzehn Tage werden es sein. Aber es kommt mir jetzt schon vor, ich wäre bereits ein halbes Jahr hier. Unterordnung und Anerkennung weiten sich bei mir aus, gelten nicht nur dem Land, sondern der Natur, den Landschaften, den Tieren und den Menschen, die hier unter harten Bedingungen ihr Leben meistern. Und das immer mit einem Lächeln im Gesicht. Bewundernswert. Neidvoll verneigen wir uns vor dieser Tatsache.

Wir gehen wieder nach unten, wo Bayaraa, Dawaa und Turku auf uns warten. Die Autos werden gestartet, damit wir auf die andere Seite des Berges kommen, auf der wir unseren Zeltplatz ausfindig machen werden. Vorher kommen wir noch an einem kleinen Wasserlauf vorbei, der sich durchs grüne Wiesengelände schlängelt. Die Landschaft schenkt uns auf diese Weise Trinkwasser für die nächsten Tage, welches wir in unsere Plastikflaschen füllen. Wasser ist in dieser Gegend ein kostbares Gut, mit dem sorgfältig umgegangen wird. Voller Dankbarkeit nehmen wir dieses Geschenk respektvoll an. Dawa erklärt uns auf Englisch, dass er uns das Wasser vor der Einnahme aus reiner Vorsichtsmaßnahme abkochen wird.

Noch etwas in eigener Sache: Dem Leser wird aufgefallen sein, dass die Worte Respekt, Demut, Achtsamkeit und Gelassenheit des Öfteren in meiner Reiseerzählung auftauchen. Diese Eigenschaften spielen hier wirklich, besonders im Nomadenleben, eine gewichtige Rolle und bedürfen einige Wiederholungen, um das mongolische Lebensgefühl zum Ausdruck zu bringen.

Über unwegsames Gelände, auf dem kein Weg zu erkennen ist, aber wir uns doch in teilweise Schrittgeschwindigkeit über Stock und Stein einen Weg bahnen, erreichen wir unser Ziel. Wir befinden uns auf einem einsamen und grasbedeckten hügeligen Gelände, umgeben von schwarzblauen Bergen. In weiter Ferne erahnen wir die fünf heiligen Berge („Tavan Bogd"), nach denen der über 6000 km2 große

Nationalpark benannt wird. Dort verläuft die Grenze zwischen China, Russland und der Mongolei. Kasachstan ist nur 50 km davon entfernt. Unter einigen großen Gletschern befindet sich auch der Potanin-Gletscher, mit einer Länge von ca. 20 km und einer Breite von ca. 5 km der größte in der Region. Noch spüren wir nicht, dass der Gletscher uns in seinen Bann ziehen wird. Das wird morgen anders sein. Der höchste Berg der Mongolei, der Khuiten Uul, mit seinen 4352 Metern, befindet sich ebenfalls in der Fünfergruppe. Nichtsahnend, welche überwältigenden Eindrücke auf uns zukommen werden, beginnen wir, uns in der neuen und fremden Umgebung zu akklimatisieren. Es beginnt mit einem Ritual, welches von Orgi vorbereitet wird. Als Ort wählt sie ein Owoo, welches sich gleich in der Nähe befindet, mit Blick auf einen kleinen See, dahinter der heilige Berg Shiveet. Ein ausgezeichneter Platz, der von den See- und Berggeistern geschützt ist. Im respektvollen Abstand dieser heiligen Stätte werden wir nachher unsere Zelte aufschlagen.

Wir haben nicht gemerkt, dass sich der Himmel zugezogen hat. Werden wir die Touristen sein, die den Regen bringen? Und in welchem Ausmaß werden die Wolken sich über uns ergießen? Noch ist es trocken, und eine angenehme Temperatur umgibt uns. Ein leichter Wind macht sich langsam bemerkbar. Wir schauen zu, wie sich Orgi demütig vor dem heiligen Steinhaufen gesetzt hat und ihre Mitbringsel ausbreitet. Weihrauchsträucher, getrockneten Käse, einige Stücke Fettgebäck. In Windeseile hat Dawaa noch eine Flasche Wodka danaben gestellt, aus der Orgi Flüssigkeit in einen kleinen Becher gegeben hat. Wodka gilt hierzulande nicht nur als Genussmittel, sondern auch als Weihwasser und Opfergabe. Der Steinhaufen ist circa 1 Meter hoch, die Steine sind unterschiedlich groß und konisch angeordnet. Aus der Spitze des Haufens ragt ein 2 Meter langer Holzpfahl heraus, der mit lauter blauen Gebetsfahnen behangen ist. Das ganze Owoo ist mit diesen Fahnen geschmückt, die mit vielen Gebetstexten bedruckt sind. Die Gebete beinhalten positive Gedanken, Hoffnungen, Sichtweisen und Wünsche, die durch den Wind in die weite Welt getragen werden und in Erfüllung gehen möchten. Natürlich können während der Zeremonie auch die persönlichen Gedanken und Wünsche an das Owoo geschickt werden. Sowohl eine stumme Interpretation in Form von Gedanken, als auch eine leise murmelnde in Form von Worten, sind praktikabel.

Das Owoo und alle anwesenden Ortsgeister sind für die Aufnahme bereit. Nun ist alles angerichtet. Der Weihrauch ist angezündet, um die Atmosphäre von negativer Energie zu reinigen. Unsere Reiseleiterin hat sich andächtig vor dem Steinhaufen gestellt und leise ein kleines Mantra gesprochen. Nun gibt sie den Käse und das Gebäck an das Owoo ab. Danach träufelt sie den Wodka über die Steine und murmelt einige passende Worte. Danach gibt sie drei Mal die Flüssigkeit an die Atmosphäre ab, über beide Schultern und dann über ihren Kopf. Dann reibt sie die Flüssigkeit andeutungsweise auf ihre Thymusdrüse. Diese Zeremonie dient der Opfergabe an die gesamte Umgebung mit all ihren Geistern, als Zeichen hohen Respektes vor der gesamten Natur mit ihren Lebewesen, und der Bitte um persönlichen Schutz, Gesundheit, Sicherheit und positiver Energie. Abschließend geht sie drei Mal im Urzeigersinn um das kultische Bauwerk und flüstert ihre Gedanken und Wünsche. Im Anschluss vollziehen wir anderen dieses Ritual. Für Heidi und mich ist es ein besonderer, spiritueller Moment, nahezu feierlich. Nur wir und die Natur. Wir sind sozusagen eins mit ihr, verschmelzen beinahe mit der gesamten Schöpfung. Die einzigen

Gegenstände, die auf eine moderne Zeit hinweisen, sind die beiden allradbetriebenen Toyota Landcruiser, die uns durch die Weite des Landes tragen. Fast peinlich berührt stehen sie abseits von der heiligen Ritualstätte, als wollen sie sagen: *Tut uns leid, liebe Reisende, eigentlich passen wir gar nicht hier her.*

Nun geht es ans Zeltaufbauen. Dawaa, Bayaraa und Turku prüfen die Beschaffenheit des Bodens auf Unebenheiten und Steinvorkommen, damit der richtige Platz zum Schlafen gewählt werden kann. Es wird kontrolliert, diskutiert, begutachtet und nach kurzer Zeit entschieden. Wir werden in die Geheimnisse des Zeltaufbaues eingeweiht, indem uns die Einzelteile erklärt werden. Während die Männer uns tatkräftig unterstützen, schaut Orgi etwas besorgt zum Himmel. Aus Richtung der fünf heiligen Berge kommt eine kleine schwarze Wand auf uns zu, als wollen die Berggeister ihr Naturschutzgebiet rund um die Gletscher und ihre Gipfel vor ungebetenen Gästen bewahren. Wir machen uns keine Gedanken und in Windeseile steht unser Zelt, in dem wir heute unsere erste Zeltnacht verbringen. Wir verstauen all unsere Sachen im geräumigen Dreimannzelt. Wir werden in den nächsten Tagen feststellen, dass auch beim Zelten ein gewisses

Ordnungs- und Koordinierungstalent sehr gefragt ist. In kurzer Zeit stehen alle drei Zelte, zwei grüne, ein rotes. Die beiden Autos stehen im Abstand von drei Metern parallel nebeneinander, so dass im Zwischenraum ein Tisch mit Stühlen aufgestellt werden kann. Eine Wetterplane wird über die Autos gespannt, fertig ist der Essraum. Die Plane bietet Schutz vor Wind und Nässe. Auch hier hat das zweite Auto einen absoluten Vorteil, da es im Altai schnell kühl und windig werden kann. Vom Regen will ich noch gar nicht sprechen, da es sich ja laut Reisebericht um eine regenarme Gegend handeln soll. Wir werden eines Besseren belehrt. Dass die Belehrung schneller als erwartet kommen soll, und in welcher Intensität, das hatte selbst Orgi nicht für möglich gehalten.

Ich flitze mal schnell auf eine kleine Anhöhe, fünfzehn Meter über unsere Behausungen, um mir unseren Campingplatz in der Wildnis näher anzuschauen. Heidi ist neugierig und eilt mir hinterher. Und so stehen wir beide andächtig auf diesen Hügel, der auch mal unsere Toilette sein wird, und blicken auf die Idylle unter uns. Es ist leise, der Wind rauscht und die Berge erzählen Geschichten über den Altai. Vor uns der heilige Berg Shiveet mit seinen Felszeichnungen, in der anderen

Richtung in weiter Ferne die Schneegipfel des Nationalparks, die allmählich von Nebelschwaden umhüllt werden. Wieder keine Menschenseele, nur wir sechs Reisende. Wie wird unsere erste Nacht hier auf 2700 m Höhe? Die Antwort kennt nur der Wind.

Während die Vorbereitungen für das Abendessen getroffen werden, schauen Heidi und ich uns die Gegend an. Wir gehen zu dem nahen liegenden See, einige Mücken begrüßen uns. Ich spüre, wie zwei Regentropfen auf meine Haut fallen, denke mir nichts dabei. Wir schauen zum heiligen Berg und danken ihm für das von Gott Gegebene, welches wir erleben dürfen. Wir ziehen unsere Wanderschuhe und Strümpfe aus und waten durch das kühle Wasser. Hier am Rande des Sees ist es knöcheltief. Die Mücken und das frische Wasser halten uns davon ab, ein reinigendes Bad zu nehmen. Nach kurzer Zeit spüren wir die Kälte an unseren Füßen, die uns aus dem Wasser treibt. Barfuß gehen wir zum Zeltplatz zurück. Teilweise weiches Gras erwärmt unsere Füße und Herzen. Während die schneebedeckten Gipfel noch zu sehen sind, hat sich der Himmel weitaus dunklere Wolken angezogen. Es scheint sich, am Firmament etwas zusammenzubrauen. Jedenfalls sind wir froh, wieder

am Zelt zu sein. Wir bekommen langsam Hunger und freuen uns auf das erste gemeinsame Abendessen in der freien Wildnis, für das sich der mongolische Wettergott eine besondere Überraschung ausgedacht hat. In der Zeit, in der Dawaa ein leckeres Reisgericht mit Rinderfleisch, Gemüse und Kartoffeln zubereitet hat, richtet er eine Art Vorspeise in Form von Millionen von Wassertropfen an, die sich nun auf unseren Zeltplatz ergießen, gerade in dem Moment, in dem wir die Hauptspeise zu uns nehmen wollen. In Windeseile retten Heidi und ich uns in Bayaraas Wagen, wo wir uns auf die hinteren Plätze begeben. Orgi und ihr Mann sitzen vorne. Es regnet so heftig, dass wir nicht einmal durch die Windschutzscheibe schauen können. Es hat den beängstigenden Anschein, als wenn in diesem Moment die Welt untergeht. Es schüttet wie aus großen Fässern. Dazu weht ein heftiger Sturm. Was wollen uns nur die Berggeister mit dieser Aktion sagen? *Bitte geht wieder nach Europa, dorthin, von wo Ihr gekommen seid und lasst die Wildnis Wildnis sein.*
Das ist nicht anzunehmen, denn wir sind ja gekommen, um die mongolische Nomadenkultur im Westaltai kennenzulernen und ihre Werte nach Europa zu tragen, um dort zu berichten, dass sie ewig sein sollen.

Ansonsten würde Orgi und ihre Familie diese Reise nicht anbieten. Nein, wir sind Touristen, auserkoren, den Regen zu bringen, der für das Land so wichtig ist.

Dawaa und Turku reichen uns das Abendessen durch die Scheibe, dazu gibt es Bier und Wodka. Während der Regen auf unser Domizil mit fulminanter Kraft einprasselt, genießen wir unter diesen außergewöhnlichen Bedingungen Speis und Trank. Es schmeckt fantastisch und wir fühlen uns pudelwohl. Unter dieser engen und vertrauten Atmosphäre kommen wir mit Orgi ins Gespräch. Da sie in den 1980er Jahren in der ehemaligen DDR gelebt und studiert hat, spricht sie sehr gut Deutsch, und wir können uns über einige interessante Themen angenehm unterhalten und gegenseitig austauschen. Dawaa und Turku haben sich in das andere Auto verschanzt.

Als der Regen ein wenig nachlässt, sehen wir, wie Dawaa zu den Zelten geht und sie nach Dichtigkeit prüft. Bei unserem Zelt geht er etwas länger zu Werke. Wir erfahren, dass der hintere Zelteingang nicht zugezogen war und somit Regenwasser in unser Zelt gelaufen ist. Eine Seite soll sehr nass sein. Hier lernen wir also, dass man beim längeren Verlassen sein Zelt gut zu verschließen hat. Eine Kontrolle ist in diesem Fall trockener als Vertrauen. Auf den kleinen Schock in der Abendstunde genehmigen wir uns zur Beruhigung noch eine Dose Bier und ein Schnapsglas Wodka. Wir lassen es uns schmecken und lachen darüber. Orgi freut sich über so genügsame Kunden. Im Nachhinein stellt sich die kleine Überschwemmung als nicht so schlimm heraus.

Gegen 20 Uhr hat der Regen gänzlich nachgelassen. Der Wettergott hat urplötzlich der Sonne noch einmal eine kleine Chance gegeben, sich zu zeigen. Da sie sich durch den natürlichen Zeitablauf bereits im Untergangsmodus befindet, dürfen wir uns lediglich über eine kleine Aufhellung freuen.

Was passiert nun? Sehen wir richtig? Wie aus dem Nichts bewegen sich einige Gestalten auf unseren Zeltplatz zu? Wo kommen sie her? Handelt es sich um eine Fata Morgana? Wir befinden uns doch nicht in der Wüste und haben tagelang auf Wasser verzichten müssen. Hat sie der Berg freigegeben, und nun wandeln sie uns entgegen? Wir sind im Glauben, in dieser Einöde die einzigen Menschen weit und breit zu sein. Oder befinden sie sich schon länger hier und können aufgrund des Unwetters nicht gesichtet werden? Mal sehen wir sie, mal verschwinden sie, das hat aber etwas mit dem hügeligen Gelände zu tun, welches sich vor uns befindet. Je näher sie kommen, so erklärbarer wird des Rätsels Lösung. Es scheint ein Mann zu sein, der drei Tiere mit sich führt. Er sitzt auf einem Pferd und führt ein weiteres mit sich. Und ein bepacktes Kamel ist noch dabei. Jetzt ist der Reiter abgestiegen und kommt langsam auf uns zu. Er trägt einen großen langen grünen Regenmantel und scheint während des Unwetters unterwegs gewesen zu sein. Sucht er hier Zuflucht oder Schutz? Dawaa und Bayaraa begrüßen ihn freundlich, sie scheinen sich sogar zu kennen. Die drei Tiere sind sehr scheu und bleiben auf Sicherheitsabstand.

Auch Orgi kennt den Neuankömmling, der uns am morgigen Tag auf der Gletscherwanderung begleiten wird. Er heißt Enkbold und wird in den nächsten Tagen an unserer Seite sein. Da ich mir seinen Namen nicht merken kann, nenne ich ihn für mich Gandalf, den Zauberer aus dem Filmepos „Herr der Ringe", da sein Auftritt von geradeeben etwas Zauberhaftes und Mystisches in sich barg. Gandalf besitzt ebenfalls eine sehr freundliche Ausstrahlung und wird auf dieser Tour eine wichtige Rolle einnehmen. Heidi und ich sind sehr gespannt auf den morgigen Tag, der uns noch tiefer in die Wildnis bringen wird. Mit all unserem bisher Erlebten in uns, und all den Erwartungen an den nächsten Tag, gehen wir langsam zu unserem Zelt, dass uns diese Nacht den nötigen Schutz bieten wird.

Kamele weiden auf einer Wiese vor herrlichem Bergpanorama

Die erste Zeltnacht hier im Westaltai ist schon ein sehr besonderes Erlebnis. Wir befinden uns nicht in einem Haus mit festen Wänden, die uns das europäische Sicherheitsgefühl geben, wir befinden uns auch nicht in einem Wohnmobil, sondern wir liegen auf dem natürlichen Boden, umgeben von einer von Metallstangen in Zeltform gehaltenen Kunststoffplane, die uns vor Kälte und Regen schützt. Zwischen unseren Körpern und Mutter Erde spüren Heidi und ich zwei dicke Matratzen, die uns ein wohliges Liegegefühl vermitteln sollen. Da die Temperatur in der Nacht auf acht Grad zurückgeht, tragen wir lange Unterhosen, Socken und ein Pullover. Der Thermoschlafsack spendet uns die Wärme, die wir dringend benötigen. Ich habe mir noch eine Wollmütze über den Kopf gezogen, um meinen kahlen Schädel vor Kälte zu schützen. So liegen wir dick eingemummt in unseren Schlafsäcken und wünschen uns gegenseitig eine gute Nacht. Romantik pur, da kommt man auf schöne Gedanken und Ideen...wer weiß, wer weiß?

Heidi und ich fühlen uns wie Abenteurer, die sich am Basislager vom Mount Everest befinden. Mit den geheimnisvollen Geräuschen der Nacht, versuchen wir in einen geruhsamen Schlaf zu kommen. Die uns umgebenden Berggeister atmen noch einmal tief ein und aus, so dass die Zeltplane durch den leichten Wind hin und her weht. Einige Regentropfen fallen vom Himmel auf unser Zelt und verursachen ihre individuellen Klänge. In diesem Moment wird mir bewusst, dass wir hier in der Einsamkeit die Intensivität der Natur ganz anders wahrnehmen. Irgendwie schlafen wir schnell ein, um dann ein paar Stunden später aufzuwachen, da wir den natürlichen Toilettendrang verspüren. Jetzt wird es für uns Stadtkinder ein bisschen kompliziert. Wenn man keine Ordnung im Zelt hat, dauert alles länger, bis man seine Sachen gefunden hat, um nach draußen zu gehen. Wo ist die Taschenlampe? Bei solchen Vorhaben ein unerlässliches Utensil. Schuhe und Taschentücher werden gesucht. Noch die Jacke über, die auch nicht sofort zu finden ist. Das nimmt alles Zeit in Anspruch, auch bis man sich aus dem warmen Schlafsack rauszwängen muss. Hier ist Planung und Koordination gefragt. Beim nächsten Gang wissen wir nun, dass man sich die nötigen Dinge griffbereit zurechtlegen sollte, ist dann alles etwas entspannter. Wieder eine neue Erfahrung, die wir nicht missen möchten. Aber deshalb unternehmen wir solche Reisen, bei denen wir durch scheinbar belanglose Dinge den eigenen Horizont entsprechend erweitern können. Nach dem wir unser natürliches Bedürfnis verrichtet haben, stehen wir vor unserem Zelt und schauen in die Nacht. Wir erkennen die Umrisse der umliegenden Bergmassive und genießen die absolute Stille. Ich schaue nach oben und blicke in einen fantastischen klaren Sternenhimmel. Die Wolken sind diesem tollen Naturschauspiel gewichen, um uns das ganze Universum zu präsentieren. Mit diesen Eindrücken wollen wir wieder ins Zelt gehen. Doch was ist das? Ein flackerndes Licht bewegt sich auf uns zu. Könnte ein Motorrad sein, doch dazu fehlt das Geräusch. Sind in dieser Gegend noch andere Menschen unterwegs, die irgendwelche Morsezeichen abgeben? Als das Licht nahe genug an uns herankommt, sehen wir dahinter eine Gestalt, die in einer der anderen Zelte verschwindet. Da hatte jemand von den Reisebegleitern das gleiche Bedürfnis wie wir. Beruhigt legen wir uns wieder hin und schlafen so gut wie wir können. Am nächsten Morgen werden wir aus dem Zelt gejagt. Durch das sich in der Nacht entwickelte Hochdruckgebiet schenkt uns die Sonne bereits um 6.30 Uhr so viel Wärme, dass wir beginnen, richtig zu schwitzen. Wir sind hellwach und dankbar für die erste Zeltnacht. Es war alles halb so abenteuerlich, wie ich mir vorgestellt hatte. Kurzes Fazit: Auch Zelten im Altai geht und ist machbar. Viel frische Luft ist um einen herum, die gesundheitlich gesehen sehr guttut und ein wohliges Gefühl ausmacht. Nach einem guten Frühstück beginnen die Vorbereitung für die Gletscherwanderung, die zwei Tage in Anspruch nehmen wird. Wir schreiben heute den 29.6.2017.

Folgendes ist geplant: Dawaa und Enkbold werden uns auf der Tour zu Pferde begleiten. Das Kamel trägt das benötigte Proviant, zwei Zelte, Tisch, Klappstühle und Sonstiges. Bayaraa und Orgi werden uns zum Ausgangspunkt der Wanderung mit dem Auto fahren, welcher sich einige Kilometer westlich vom Zeltplatz befindet. Es handelt sich hier um die Ranger Station des Nationalparks, von wo aus viele Bergsteiger ihre Bergtouren beginnen. Unser Reiseleiterehepaar wird mit dem Toyota zurückfahren und zusammen mit Turku unseren Zeltplatz bis zu unserer Ankunft am morgigen Nachmittag beschützen und bewachen.

Heidi und ich, auf Trekkingtour zum Potaningletscher auf 3000 m Höhe, begleitet von zwei Männern, zwei Pferden und einem Kamel, auf der Suche nach der unendlichen Weite des Altai mit seinen Berggeistern und deren unzähligen Mythen und Geschichten. Der Altai kann viele Geschichten erzählen. Erleben wir nur eine davon, möchten wir für immer in seinem Bann gezogen und nicht mehr losgelassen werden. Werden wir es tun? Nur die Millionen von Steinen, über die wir fahren und wandern werden, kennen die Antwort.

Dawaa und Enkbold verlassen um kurz vor zehn unseren Zeltplatz. Sie werden über unwegsames Gelände zur Ranger Station gelangen, wo wir uns dann treffen werden. Diese Tour ist nur mit einem ortskundigen Führer möglich, zu dem die begleitenden Tiere das notwendige Vertrauen haben. Aus diesem Grund wurde Enkbold engagiert. Auf ihren Pferden reiten sie gemächlich von dannen, das Kamel zwischen ihnen. Wir schauen der kleinen Karawane andächtig hinterher, die sich langsam von uns entfernt. Durch die Weite der Berglandschaft und die über uns liegende Stille erinnert uns das vor uns ablaufende Szenario an Abschied, an eine Zeit ins Ungewisse. Wann werden wir sie wiedersehen? Die Antwort kennt nur der Himmel, der über uns wacht.

Diese Eindrücke, die wir gerade gewinnen, sind nur hier möglich, in einer Landschaft, die für mich nicht erklärbar ist. Ich danke Gott oder dem Universum, dass es diesen Landstrich so geformt hat, wie wir ihn in diesem Moment vorfinden. Möge er für immer so bleiben, damit viele Generationen von naturliebenden Menschen in den selben Genuss kommen.

Nach einigen Minuten ist die Karawane zwischen den Hügeln verschwunden und nicht mehr zu sehen. Eine Viertelstunde später fahren wir los, nachdem wir uns von Turku verabschiedet haben. Über unwegsames Wiesengelände verlassen wir unseren Zeltplatz. Nach einigen Minuten erreichen wir ein steiniges Areal, das sich längs des Tsagaan Gol erstreckt. Wir befinden uns im Tal des Flusses, an dessen Ufern wir im Schneckentempo entlangfahren. Dieses steinige Gelände gibt normalerweise für Autos keinen Weg frei, geschweige, dass man überhaupt einen Weg ausfindig machen kann. Heidi und ich können jedenfalls nichts erkennen, was darauf schließen lässt, sich hier mit einem Wagen vorwärts bewegen zu können. Die allradbetriebenen Landcruiser von Toyota und Bayras Fahrkünste machen es möglich. Dann kommen wir an eine Stelle, an der es noch einmal zehn Meter steil nach unten geht. Kleine und große Steine begrüßen uns und wollen uns zeigen, dass auch sie kein Hindernis darstellen, obwohl ich in diesem Moment das ganze Gegenteil denke. Auch diese Hürde wird mit mongolischer Gelassenheit gemeistert. Bis zur Ranger Station begleitet uns der Fluss, welchen wir kurz davor über eine wackelige kleine Holzbrücke queren. Nach insgesamt vierzig Minuten erreichen wir die Station, die zugleich das motorisierte Fahrverbot ausspricht. Ab hier geht es nur noch zu Fuß oder zu Pferd weiter. Wir befinden uns sozusagen in der auto- bzw. motorradfreien Zone. Nachdem Orgi uns bei der Station angemeldet hat, treffen ihr Schwager und der ortskundige Enkbold mit den Tieren ein. Wir verabschieden uns von unseren Begleitern und wandern nach einer herzlichen Umarmung los. Wir drehen uns noch einmal um und sehen, wie der Jeep sich langsam entfernt. Ungefähr vierzehn Kilometer liegen vor uns. Die Sonne scheint, es ist recht warm und die ersten Schritte sind anstrengend. Wir befinden uns immerhin auf 2700 m Höhe. Unsere Körper sind noch nicht vollständig akklimatisiert. Dawaa und Enkbold sind bereits langsam vorausgeritten. Da wir uns in einem weitläufigen und offenen Gelände befinden, können wir sie meistens erblicken. So wissen wir, in welche Richtung wir gehen müssen. Es geht auf schmalen Pfaden über hügeliges, grasbedecktes und steiniges Gebiet, die uns fast von selbst den Weg weisen. Wir haben mit den beiden verabredet, dass sie sich immer mal wieder umdrehen und nach dem Rechten schauen. Benötigen wir in irgendeiner Form ihre Hilfe, so heben wir als Signal unsere Wanderstöcke in die Luft. Dadurch fühlen wir uns bei ihnen sicher aufgehoben und sehen die ganze Sache sehr entspannt. Mit jedem Schritt, den wir gehen, spüren wir die Einsamkeit und Stille, die uns in dieser Region umgibt. Mit jedem Schritt, den wir gehen, kommen wir dem Potanin-Gletscher näher, an dem wir die heutige Nacht verbringen werden. Mit jedem Atemzug atmen wir die Aura der umgebenden Landschaft ein. Ihre Wiesen, ihre Pfade, ihre tausend von Steinen in verschiedenen Größen, ihre unzähligen Hügel und ganz im Westen die schneebedeckten Gipfel des Tavan Bogd Massivs an der chinesischen Grenze. Während wir die erste halbe Stunde so marschieren, gibt es einige Momente, in denen wir die beiden Karawanenführer nicht erblicken. In diesen Augenblicken steigert sich das Gefühl der Einsamkeit ins Unermessliche. Heidi und ich- ganz allein im weiten Westaltai, um uns herum nur die gesamte Natur in ihrer Anmut und Schönheit. Ein unbeschreibliches Gefühl der Freiheit und Leichtigkeit umgibt uns. In diesen

Minuten sind wir die einzigen spürbaren Lebewesen auf dem Erdball, umgeben von der breiten Farbpalette des Lebens. Mit dem Gefühl, dass uns alle ansässigen Ortsgeister behüten und beschützen- wir denken gerade auch an die Mönche in Ulan Bator – geht es über Stock und Stein weiter. Und siehe da! Auf einmal sind Daawa und Enkbold wieder vor uns. Sie haben an einer kleinen Wasserstelle Halt gemacht, um einerseits auf uns zu warten, und andererseits die Tiere zu versorgen. Dawa kommt auf mich zu und gibt mir zu verstehen, dass ich sein weißes mongolisches Pferd reiten soll. Ich und reiten?! Das passt nun gar nicht zusammen. Ich mache es dennoch, da ich mich momentan sehr sicher fühle und weiß, dass mir nichts passieren kann. Ich stehe vor dem Pferd, streichele es kurz, damit es sich an mich gewöhnen kann. Dann helfen mir die beiden Männer in den Sattel. Da mongolische Pferde von Natur aus verhältnismäßig klein sind, kriegen wir die Sache gut hin. Enkbold führt das Pferd an der Leine im Kreis herum, ganz langsam, Schritt für Schritt. Dennoch bin ich irgendwie froh, als ich erlöst werde und wieder vom Pferd runterkomme.

Wie ein mongolischer Reiter unter der Führung Dschingis Khans habe ich mich jedenfalls nicht gefühlt.

Dann geht es nach altbekannter Manier wieder durch die hügelige Landschaft weiter. Wir merken gar nicht, wie es sich hinten am Himmel allmählich zuzieht. Nach gut anderthalb Stunden erreichen wir eine steinige Anhöhe, die es zu meistern gilt. Es geht recht steil nach oben, Dawaa und Enkbold sind nirgends zu sehen. Wo sind sie geblieben? Unsere Führer, unsere Guides, unsere Sherpas, Männer der Natur, für die Natur, mit der Natur. Die tier- und naturliebenden Seelen, die uns sicher an den nächsten Ort bringen werden. Wir erreichen den höchsten Punkt der Anhöhe und haben vor uns das weite Land, das immer weiter werden zu scheint. Öffnet sich bald eine neue Ebene, damit wir die Weite endlich begreifen können? Unsere treuen Begleiter sind nicht zu sehen, doch sind sie bei uns und führen uns durch das Land. Ein schmaler, steinig sandiger Pfad zieht sich durchs hügelige Wiesengelände und zeigt uns wie von selbst die Richtung. Ich schaue auf den Weg, der vor uns liegt und frage mich instinktiv, was wäre, wenn wir orientierungslos sein würden, und Dawaa und Enkbold für längere Zeit nicht zu sehen wären? Was könnte man tun, wie könnte man reagieren? Weiß der schmale Wasserlauf, der sich längs des Pfades schräg unter uns durch die Landschaft seinen Weg bahnt, eine Antwort? Er, der Nebenlauf des Gletscherflusses, der aus dem Potanin-Gletscher entstanden ist, und die vielen Geschichten der fünf heiligen Berge erzählen kann, die sich dort über Jahrhunderte zugetragen haben.

Plötzlich entdecke ich etwas im Sand. Was ist das? Ein Gebilde, eine Zeichnung? Mein Großstadtverstand arbeitet auf Hochtouren. Bis ich dahinterkomme, dass es sich um einen Fußabtritt handeln muss, der mir recht groß und unmenschlich erscheint. Dann fällt der berühmte Groschen, und ich präsentiere Heidi die Auflösung. Es ist eine Tierspur, die nicht von Pferden stammen kann, da sie uns sehr groß vorkommt. Folgen wir der Fährte, treffen wir unweigerlich auf Enkbolds Kamel und somit auf die ganze Karawane. In einer Sekunde sind aus Stadtkindern professionelle Spurenleser geworden, die im Westaltai ihren Weg durch die unberührte Natur finden. In diesem Moment hat sich eine kleine Portion Stolz in unseren Seelen entwickelt.

Während das Wetter sich mehr und mehr zuzieht, gehen wir auf dem Pfad geradeaus weiter. Vor uns befindet sich eine kilometerlange leicht gewölbte Ebene, die uns eine weite Sicht auf die dunklen Berge und schneebedeckten Gipfel im Hintergrund beschert. Da sich die Sonne zurückgezogen hat, kann sich das für den Altai typische Farbenspiel nicht entwickeln. Die Weiße des Schnees aber scheint über Jahrhunderte zu leuchten. Mit jedem gelaufenen Meter spüren wir die Stärke und die Kraft der umliegenden Natur in uns. In weiter Ferne sehen wir einige kleine Punkte, die sich langsam zu bewegen scheinen. Das können nur Dawaa und Enkbold sein, die sich mit den drei Tieren weiter ihren Weg durch die Landschaft bahnen. Dawaas Pferd schimmert so schön weiß, an das man sich dadurch sehr gut orientieren kann. Kurze Zeit später stellen wir fest, dass die Punkte sich nicht mehr bewegen. Mit jedem gelaufenen Meter werden die Konturen klarer.

Die beiden Männer sind von ihren Pferden abgestiegen, um auf einer Wiese in menschenleerer Umgebung einen Rastplatz einzurichten. Während Heidi und ich Schritt für Schritt unserem Ziel näherkommen, werden die Tiere versorgt und das Mittagessen zubereitet. Als wir ankommen, ist alles fertig und wir setzen uns an den gedeckten Tisch. Es gibt einen schmackhaften Reiseintopf mit Kartoffeln, Gemüse und Yakfleisch. Wer Lust hat, kann mit Sambal Oelek die nötige Schärfe reinbringen. Davor noch einen heißen Kaffee, zum

Dessert ein Schokoriegel. Luxus pur in der Natur, und absolute Harmonie und Zufriedenheit umgeben uns. Nach einer guten halben Stunde geht es weiter. Dawaa schaut zum Himmel und gibt uns zu verstehen, dass wir vorauslaufen sollen, während er und Enkbold auf dem Rastplatz klar Schiff machen. Es sieht ganz nach Regen aus, und das Bemühen liegt darin, trocken am Zeltplatz in der Nähe des Potanin-Gletschers anzukommen. Sie werden uns einholen, da sie zu Pferd doch schneller sind. Der Pfad wird uns den Weg weisen. Also, los geht´s! Jetzt übernehmen wir die Führung auf dem Weg durch den Westaltai. Nach zwanzig Minuten werden wir bereits eingeholt, und die Karawane ist wieder komplett. Nun durchlaufen wir für gute vierzig Minuten eine riesengroße grasbedeckte Ebene, hier passen ungefähr fünfhundert Fußballfelder rein, auf der vereinzelt bunte Wildblumen ihr Farbspiel hinterlassen und die von kleinen Wasserläufen durchzogen wird. Durch den verhältnismäßig vielen Regen der letzten Tage müssen wir immer wieder sumpfige Stellen überbrücken. Dabei helfen uns von der Natur gegebene Felssteine, die in einer angemessenen Höhe aus dem Boden lugen, die uns mit Hilfe der Wanderstöcke so den entsprechenden Halt geben. Dawaa und Enkbold haben mit ihren Pferden und dem Kamel, welches weiterhin all die so für uns wichtigen Lasten trägt, keine Mühe, da sie bedächtig und traumwandlerisch über die Ebene gleiten. Sie sind wirklich technisch versierte Reiter, die alle Kriterien mitbringen und vereinen, damit das Vorhaben gelingt. Achtsamkeit, Wachsamkeit, Geduld, Demut und Respekt vor der Umgebung mit all ihren Lebewesen; das leben die beiden Männer vor. Am Ende dieser Ebene begegnen wir achtzig Wildpferden, die in der Graslandschaft weiden. Wir sollen nicht zu nah heran gehen, da sie doch sehr ängstlich sind und unterschiedliche Reaktionen auf menschliche Nähe zu erwarten sind. Ich schieße ein paar Fotos, und urplötzlich galoppieren die wunderschönen Tiere, schwarze, braune, weiße und graue an uns vorbei.

Wildpferde donnern über die Prärie

Hier ist Sumpfgebiet, und wir versinken bei jedem Schritt tief im Morast. Unsere Wanderstiefel sind völlig durchnässt. Es gibt lustige quietschende Geräusche.
Wir donnern über die Prärie wie Westernhelden. Die mongolischen Pferde tragen uns im Winde über die Ebenen, wir fühlen uns als Pfadfinder und Spurenleser, die sich durch die unendliche Weite Schritt für Schritt den Weg bahnen, um an das nächste Ziel zu gelangen.

Im Anschluss an die Ebene geht es einen Hügel hinauf, wir sehen niemanden, Dawaa und Enkbold sind vorgeritten. Aber wir wissen, in welche Richtung wir gehen müssen. Nach einer Zeit kommt Enkbold zurück, um nach dem Rechten zu sehen, er sieht, dass wir in Ordnung sind und reitet wieder Richtung Gletscher, dessen Wassermassen für diese weite Graslandschaft verantwortlich sind. Es ist gut zu wissen, dass jemand um uns besorgt ist.

So langsam schwinden uns die Kräfte, und wir fragen uns, wie lange wir noch gehen müssen, um ans Ziel zu kommen. Vor genau vier Stunden sind wir von der Ranger Station gestartet. Wir haben viel Wasser getrunken, ich nehme nun zur Stärkung eine Prise Meersalz, das gibt Kraft für die letzte Runde, die uns erwartet. Das Tavan Bogd Massiv ist nähergekommen, die schneebedeckten Gipfel sind zum Greifen nahe. Welche Geschichten können Sie uns erzählen? Wir sind auf einer neuen Ebene angekommen, auf der es keine weitere Steigung geben wird. Weit vor uns ist die Karawane zu sehen, vielleicht sind es nur fünfhundert Meter, das ist schwer einzuschätzen. Vor uns sehen wir die fünf heiligen Berge mit dem wahnsinnigen wuchtigen Potanin-Gletscher. Es ist ein atemberaubender Anblick, der durch das trübe Wetter ein wenig geschmälert wird. Die ersten Regentropfen begrüßen uns, vielleicht freut sich Vater Himmel, dass wir so weit gekommen sind. Ich bin total kaputt, Heidi macht einen ganz guten Eindruck. Wir gehen noch dreißig Minuten auf den Gletscher zu, dann treffen wir die beiden Männer, die angefangen haben, unser Zelt aufzubauen, damit wir vor dem Regen geschützt werden. Ist hier der Stopp? Endlich! Wir sind sehr froh, obwohl der Regen stärker geworden ist. Dawaa erklärt uns, dass wir hier übernachten, obwohl es sich nicht um das eigentliche Ziel handelt. Weiter unten direkt vor dem Gletscher befindet sich das Basislager, welches wir ansteuern wollten. Da es noch eine knappe Stunde Fußmarsch entfernt ist, haben sich die beiden entschieden, hier die Zelte aufzubauen, da der Regen nicht aufhört und sich zusätzlich ein Gewitter zusammenbrauen könnte. Oh Gott, es ist ein Unwetter im Anmarsch, auch das noch! Hier auf freier Fläche. Gedanken kommen in uns hoch. Und wir erinnern uns an die Mönche in Ulan Bator, die für uns gebetet haben. Ich denke, dass der Wettergott ein Einsehen mit uns hat und uns am ersten Tag eine zusätzliche Stunde nicht zumuten will. Dadurch liegt unser Zeltplatz gegenüber vom Gletscher auf dreitausend Meter Höhe. Später erfahren wir, dass wir den exklusivsten Blick, den es überhaupt geben kann, genießen können. Heidi und ich stehen entkräftet nach fünf Stunden vor dieser herrlichen Landschaft und lauschen dem Regen und dem Wind. Bringen sie uns die Geschichten der fünf heiligen Berge näher? Können wir sie hören? Nur eine Geschichte wenigstens. Eine, in der es um Dankbarkeit geht. Kaputt und ausgelaugt kriechen wir in das Zelt. Ich falle in einen kurzen tiefen Schlaf...

Der Potanin-Gletscher begrüßt uns in seiner ganzen Reinheit

*

Nebel, nichts als Nebel...es klärt sich ganz langsam auf, Wolken ziehen vorbei und geben die Gipfel frei, die sich vor uns aufbauen. Dann verschwinden sie wieder, weil sich Wolken vorgeschoben haben. Wann werden wir den Gipfel erreichen, den wir uns vorgenommen haben? Wann werden wir oben stehen und voller Stolz auf die Gletscherlandschaft herunterblicken? Es scheint noch eine Weile zu dauern, und die Entfernung ist schwer einzuschätzen. Werden wir noch die Bären sehen, die uns versprochen wurden? Schneeleoparden soll es schon lange nicht mehr geben, aber die Bären. Wir stapfen durch den Schnee und spüren, wie die Kräfte schwinden. Es geht immer steiler hinauf, der Wind wird allmählich stärker und pfeift uns um die Ohren. Der Wunsch, dort oben stehen zu können, lässt alle Schmerzen vergessen, die Gier nach dem Gipfel raubt unseren letzten Verstand. Die Realität weicht der Illusion. Ich schaue zum Gipfel, er scheint in Reichweite zu sein, direkt vor mir, also nur noch fünf Minuten, denke ich. Nach einer Weile und vielen anstrengenden und kräftezehrenden Schritten ist er immer noch vor mir, sogar weiter entfernt, als vorhin. Habe ich mich so getäuscht? Sind meine Sinne von der Tortur überlistet worden? Geht es mir gerade so wie den vielen tapferen Bergsteigern am Mount Everest, die durch die Höhenkrankheit und den immensen Sauerstoffmangel ihren Verstand verlieren? Nach einer weiteren halben Stunde begreifen wir endlich, dass wir es nicht schaffen, den Gipfel zu erreichen. Sollen wir dennoch weiter gehen und die Gesundheit riskieren, womöglich unser Leben? Wie weit geht der Stolz? Mit dem Bewusstsein, dass es die letzte Chance sein wird, das Ziel zu erreichen, gehen wir einige Schritte weiter. Urplötzlich donnert und blitzt es über uns. Wir zucken zusammen und bleiben, wie von der Salzsäule erstarrt, stehen. Wir schauen uns an, drehen uns um und gehen wortlos den schweren Weg zurück. Die Urgewalt der Natur gibt immer Antwort auf die Frage, was in schwierigen unübersichtlichen Situationen zu tun ist. Mit letzter Kraft erreichen wir das sichere Zeltlager. Ein warmes Essen und heißer Milchtee spenden uns die notwendige Kraft, damit unsere Lebensgeister zurück-kommen. Die aus dem Lagerfeuer entstandenen Feuergeister tanzen um uns herum und geben ein faszinierendes Bild, *welches uns in seinen Bann zieht. Urplötzlich entschwindet ein Bär aus der Flamme und schwebt für eine Sekunde vor uns, um sich dann durch eine leichte Windböe aufzulösen. Wir sind dankbar, rechtzeitig den Rückzug angetreten zu haben und nun an einem sicheren Ort zu sein. Durch die Lagerfeueratmosphäre ist unsere erste Enttäuschung über den verhinderten Gipfelsturm verschwunden, vom Winde verweht. Wir schauen andächtig ins Feuer, während die Abenddämmerung einzusetzen beginnt. Urplötzlich wird unsere Aufmerksamkeit auf etwas gelenkt, was wir im ersten Moment nicht beschreiben und erklären können. Auf der anderen Seite des Feuers, genau gegenüber uns, hat sich etwas im Gebüsch bewegt. Sind es Geräusche des Windes? Hat sich ein Tier bewegt? Dann ist es wieder still, unsere Aufmerksamkeit bleibt aber, da wir das aufgetretene Geräusch erkunden wollen. Wir schauen in die Richtung, aus der wir die Ursache des Geräusches vermuten und fixieren die Umgebung. Langsam erkennen wir die Umrisse eines Körpers, es bewegt sich wieder, leises Rascheln im Gebüsch. Was ist das? Es muss ein Tier sein. Im nächsten Moment lugt ein Kopf aus dem Gesträuch, dann tritt der ganze Körper heraus und bleibt kurz vor* dem Feuer stehen. Mit großen Augen und weit geöffnetem Mund beobachten wir die Szenerie. Ist es Furcht? Ist es Erstaunen? Es scheint uns anzuschauen und kurz zu begrüßen. Dann dreht es seinen Körper in eine Richtung und schleicht von dannen, mit der Erkenntnis, hier nichts ausrichten zu können. Vielleicht war der Respekt vor dem Feuer zu groß, um hier noch länger zu verweilen. Während wir das Erlebte noch nicht einordnen können, ist das Tier schon verschwunden. Es handelt sich um ein sehr seltenes Tier, welches Angst vor Menschen hat und nur in schroffen felsigen Gebirgen anzutreffen ist. Der Schneeleopard bewegt sich in Richtung des Berges, den wir nicht erklimmen konnten. Dort ist sein zu Hause, dort ist seine Heimat, wir haben ihn durch das Feuer angelockt, er wollte nach dem Rechten schauen und auf Beutefang gehen.

Ein regelrechtes Naturereignis, welches wir erleben dürfen, aus der Situation heraus, den Rückzug rechtzeitig eingeleitet zu haben. Wir sind dankbar, dass wir durch diesen Umstand dieses prachtvolle und wunderschöne Tier mit eigenen Augen sehen durften. Wir sitzen noch lange am Feuer und schauen auf die Berge. Mittlerweile ist es dunkel geworden, und der

Nachthimmel leuchtet sternenklar. Irgendwo da draußen in den Bergen ist unser Schneeleopard, mit dem wir auf immer und ewig verbunden sind. Vielleicht einer der letzten Schneeleoparden des Westaltai...

*

Im Falle eines Gewitters habe ich unsere Wanderstöcke abseits unseres Zeltes als Blitzableiter senkrecht in den Boden gesteckt. Dawaa belächelt mich ein wenig und sagt, dass diese Maßnahme nicht nötig ist. Es kann nichts passieren, sagt er. Aber eine triftige Erklärung bleibt aus. Uns beruhigt sie dennoch. Nach der kurzen Ruhe sind wir wieder bei Kräften. Der Regen hat aufgehört, es ist trocken. Während wir *draußen* zu Abend essen, genießen wir die herrlichen Ausblicke auf das Gebirge. In diesen Momenten dürfen wir die Gefühle der Dankbarkeit im höchsten Maße erleben. Gegen halb neun legen wir uns ins Zelt und bereiten uns für die Nacht vor. Mit den Geschichten des Potanin-Gletschers schlafen wir ein, mit ihnen wachen wir auf. Nach dem Erledigen der Morgentoilette setzt Dauerregen ein. Dawaa und Enkbold bleiben einfach liegen und sind nirgends zu sehen. Uns bleibt nichts anderes übrig, das gleiche zu tun und schlafen tatsächlich noch einmal ein, während Millionen von mongolischen Wassertropfen auf unsere Zeltplane prasseln. Es hat ein Hauch von Reinheit und Harmonie. Wir bleiben trocken und fühlen uns sicher. Da aber nach einer Weile unsere Mägen anfangen zu knurren, überlegen wir, wie das Frühstück funktionieren soll. Es ist echt nass draußen, und es gibt keine Möglichkeit, durch den Regen feucht werdende Dinge in irgendeiner Form zu trocknen. Aber auch hier finden die beiden Männer eine Lösung. In ihrem Zelt bereiten Sie unser Frühstück vor, um es dann gegen zehn Uhr zu uns zu bringen. Ein wunderbares Omelett mit Paprika, Zwiebeln, Gurken wird uns auf Papptellern kredenzt, dazu Kaffee, schmeckt köstlich und wunderbar, sitzend im Zelt. Wir begrüßen den Gletscher und die umliegenden Bergmassive und fühlen uns glücklich. Nur der Schneeleopard lässt sich nicht blicken, er scheint noch in irgendeinem Felsvorsprung des beeindruckenden Gebirges zu schlafen. Kein Wunder, bei dem Wetter.

Um kurz vor zwölf Uhr geht es los. Es regnet weiterhin. Wir ziehen uns eine Regenplane über unsere Wanderklamotten und los geht`s! Wären wir in Bayern im Urlaub, würden wir bestimmt nicht los gehen. Da wir jedoch nachmittags an der Ranger Station abgeholt werden, ist ein Aufbruch nicht aufschiebbar. Während Dawaa und Enkbold die Zelte abbauen und alle Utensilien verstauen, wandern wir bei totalem Nebel los. Da es den gleichen Weg zurück geht, ist es für uns kein Problem, alleine durch die Landschaft zu ziehen. Die beiden werden uns schon rechtzeitig einholen und überholen. Wieder geht es an den Wildpferden vorbei, durch den neuen Regen ist der Weg teilweise noch sumpfiger geworden, aber das ist kein Thema für uns.

Nach vierzig Minuten begegnen wir einer Gruppe Pferdereisender, die uns beim Entgegenkommen irgendetwas zuruft, wir es aber nicht einordnen können. Als wir auf Augenhöhe sind, geben sie uns auf Englisch zu verstehen, dass ein älterer Wanderer aus England vermisst wird, da er sich angeblich verlaufen hat. An der Ranger Station erfahren wir später, dass alles gut gegangen ist. Etwas später treffen wir noch auf vier Bergsteiger, die am nächsten Tag den höchsten Gipfel im Gebirge besteigen wollen. Wir wünschen Ihnen viel Glück, und weiter geht´s. Mensch, heute ist hier ja richtig was los, in einer der einsamsten Landschaften, die es auf der Erde gibt. Nach gut einer Stunde sind auch Dawaa und Enkbold zu uns aufgeschlossen. Gegen vierzehn Uhr treffen wir am

Ende der Ebene auf eine weitere Gruppe Reiter, die ebenfalls Richtung Gletscher unterwegs sind. Der Himmel weint weiterhin, und Dawaa bestätigt noch einmal, dass es sehr lange her ist, dass es in solch kurzer Zeit verhältnismäßig viel geregnet hat. Zwischendurch machen wir noch eine kleine Pause, dann brausen die beiden Männer mit ihren Pferden und dem Kamel davon, sie haben ja noch einen langen Weg vor sich. Nach gut viereinhalb Stunden kommen Heidi und ich an der Station an und werden freudig von Orgi und Bayaraa begrüßt. Sie sind froh, dass wir heile zurück sind.

Mit dem Jeep fahren wir wieder zum heiligen Berg Shiveet, an dem Turku auf uns wartet. Die beiden Karawanenführer lassen auch nicht lange auf sich warten, und dann ist unsere kleine Reisegruppe im großen Altai wieder vereint. Das wird mit einem deftigen Abendessen und einem schönen Bier gefeiert. Erschöpft fallen wir danach ins Zelt und genießen den Schlaf.

Was wird morgen kommen? Wo geht es morgen hin? Wir werden eine Schamanin und ihre Familie besuchen. Neue Erfahrungen und neue Sichtweisen werden auf uns zukommen. Für zwei Tage werden wir an einem der einsamsten Plätze in eine noch ganz andere Welt eintauchen.

Es wird spannend. Heidi und ich lernen das Leben der mongolischen Nomaden kennen, deren Kultur, Lebensweise und Ansichten. Wir werden an diesem 1.7.2017 an einem Ort fahren, der nicht einmal in den Netzwerken, geschweige auf der Landkarte zu finden ist. Er besteht aus einer kleinen Ansammlung von Jurten und bildet in der Westmongolei das letzte Dorf des Hohen Altai. Dann kommen nur noch die Signale der Ortsgeister und ihre Berge, hinter denen sich die sibirische Grenze befindet.

Wir verlassen unseren Zeltplatz am Berg Shiveet gegen zehn Uhr. Wir beide sind aufgeregt, da wir zum ersten Mal einer geweihten Schamanin begegnen werden. Bis es soweit ist, haben wir noch etliche unwegsame Kilometer vor uns, die von unseren Fahrern an Geschicklichkeit und äußerster Beherrschung alles abverlangen. Wir möchten uns bei der Gelegenheit ausdrücklich vor den Fahrern Bayaraa und Dawaa verneigen. Was sie fahrerisch leisten, verlangt Anerkennung in allerhöchsten Maße. Und bei Orgi bedanken wir uns für die Auswahl der Jeeps. Die Toyota Landcruiser VX Limited mit Grand Trek AT3-Reifen von Dunlop bringen uns sicher durch das noch unwirtlichste Gelände.

Obwohl wir die Jurten bereits als kleine weiße Punkte erkennen können, trennen uns noch Stunden. Das liegt an der unzugänglichen und heiklen Wegstrecke, die durch den ausgiebigen Regen von sumpfigen Stellen durchzogen ist. Vor uns befindet sich eine kilometerlange ebene Wiesen,- und Graslandschaft, die links und rechts von Gebirgskämmen eingeschlossen ist. Es geht durch unzählige Schlaglöcher und Wasserstellen, sowie über aus dem Erdboden ragende Felssteine nur in Schrittgeschwindigkeit vorwärts. Ein Weg, der gar kein Weg ist. Heidi und ich können jedenfalls nichts erkennen, was auf eine mit einem motorisierten Fahrzeug befahrbare Spur schließen lässt. Die Augen der beiden Fahrer bahnen sich den Weg durch die schroffe Landschaft. Wir werden mächtig durchgeschaukelt, fühlen uns wie in einer Achterbahn.

Dann zeigt es sich, wie lebenswichtig es ist, hier mit zwei Autos unterwegs zu sein. Die sumpfige Landschaft setzt auch den besten Fahrern und Autos Grenzen. Ein Auto ist im Sumpf stecken geblieben. Es dauert nur Sekunden, bis die Hinterreifen im Morast fast verschwunden sind. Mittels einer am Auto integrierten elektrischen Seilwinde zieht der eine den anderen Jeep wieder raus. Wir bleiben im Auto sitzen und schauen uns das Szenario von drinnen an. Dreck fliegt an die Autoscheiben, alle freuen sich, dass es nach dem kurzen Stopp weitergehen kann.

Durch den kleinen Ort, den wir heute besuchen, schlängelt sich ein Fluss, der diesem Tal den feuchten Boden schenkt. Für die Nomadenfamilien und ihren Tieren bildet dieses Tal der Lebensmittelpunkt und ein Garant zum Überleben. In dieser endlosen Weite, in der die Wolkenspiele die Farben der umliegenden Gebirgsketten im Minutentakt verändern. Grün bemooste Hänge, gelb vertrocknetes Gras im Schattenspiel der schwarzblauen Schieferberge, die im Sonnenlicht hellblass erscheinen. Rotbraun leuchtende Steinhänge glühen vor uns und tauchen ein in von Wasserläufen durchsetzte saftgrüne Sumpfgebiete.

Am Ende der Welt im Westaltai

Hier befreit man sich von seinen Ängsten, die einen im alltäglichen Arbeitsstress wie ein unsichtbares Gitter gefangen halten. Man will raus und aus dieser Situation ausbrechen, um in seinem Seelenleben frei zu sein. Aber es funktioniert nicht, da die Gitter zu robust sind und sich nicht öffnen lassen. Ein imaginäres codiertes Schloss stellt Dich vor eine unlösbare Aufgabe. Doch die unendliche Weite der Natur, die Heidi und ich in ihrer Vollkommenheit hier in der Westmongolei erleben dürfen, mit ihrer wohltuenden Stille und sanftmütigen Ruhe, macht das Unmögliche möglich, das Schloss zu decodieren, die Kombination zu entziffern und es schließlich zu öffnen, um aus der Enge herauszugleiten. So wie sich das Tor öffnet, empfängt uns das Universum und bietet uns eine Treppe an, die uns auf eine höhere Seelenebene führt. Die Engel stehen neben uns und reichen uns zur Reinigung wassergetränkte weiße Tücher.

Gegen 13 Uhr steuern wir im Schneckentempo auf die Jurte zu, die in den nächsten zwei Tagen unsere Herberge sein wird, im Gepäck nicht endende Aufregung und Neugierde. Wir werden sehr herzlich von der Familie empfangen, der Mutter und ihren beiden Töchtern. Warme, freundliche Gesichter schauen uns an. Ihre anfängliche distanzierte Schüchternheit geht nach einiger Zeit in herzliche Gastfreundschaft über.

Heidi und ich nehmen wahr: Wir sind sehr willkommen! Die Freude ist spürbar. Vor allem freuen sich die beiden Hunde auf uns. Obwohl wir berechtigter Weise vor den Nomadenhunden gewarnt wurden, fühlen wir uns vom ersten Augenblick an in wohliger Gesellschaft. Die beiden Hirtenhunde schließen mit uns einen Pakt des Vertrauens, der dazu führt, dass wir und unsere Zelte pflichtbewusst behütet und bewacht werden. Der rauschende Fluss gleich neben unseren Zeltplatz symbolisiert Reinheit und Energie. Für die Nomaden stellt der Fluss ein Heiligtum dar, das in jedem Fall vor Verunreinigung geschützt werden soll. Es wird nicht gerne gesehen, sich dort zu waschen, da sich sonst die Flussgeister melden und Unglück über das Land kommt. Das ist die Überzeugung der hier lebenden Menschen, die es unweigerlich zu respektieren gilt. Da in der Mongolei aus natürlichen Gründen Wasserknappheit herrscht, ist es unverzichtbar, mit den natürlichen Ressourcen nachhaltig zu wirtschaften, sie zu ehren, sie zu erhalten und ihnen demütig gegenüberzutreten.

Während die Zelte aufgebaut werden, gehen Heidi und ich an den Fluss, um die Gegend zu erkunden. Da reitet auf einmal Enkbold mit einigen Schafen langsam an uns vorbei. Wir sind erstaunt und begrüßen ihn. Wir erfahren, dass er hier der Hausherr ist. Und wir erfahren, dass seine Frau Elayana und Tuja Schwestern sind. Hier schließt sich der tuwinische Familienkreis.

Wir gehen zum Ger zurück und überreichen den beiden Kindern unsere Gastgeschenke. Mirja,12 und Zarina,14 freuen sich sehr über die Stifte, Hefte und Kartenspiele, die wir aus Deutschland mitgebracht haben. Im Fluge ist die Schüchternheit verschwunden, später malen wir zusammen und spielen Karten. Vorher gibt es Milchtee, mit hausgemachtem Käse und frisch zubereiteten Fettgebäck. Bei diesen ersten Annäherungsversuchen spüren wir die musternden Blicke Elayanas auf uns ruhen. Die Schamanin ist eine gewöhnliche Nomadenfrau vom Volk der Tuwa. Neben ihren Pflichten als Gastgeberin geht sie raus zum Vieh, um es zu melken und zu füttern.

Das Ger befindet sich mitten in einer Weidenlandschaft, auf der sich Schafe, Ziegen, Yaks und einige Kühe befinden. Aufgrund der Bodenbeschaffenheit und des Klimas haben die

Nomaden keine Möglichkeit, Ackerbau zu betreiben und sind auf Viehwirtschaft angewiesen. Die Tiere bilden die Lebensversicherung der ansässigen Menschen, sie geben ihnen das Fleisch und die Milchprodukte zum Überleben. Gemüse, Mehl und andere Dinge werden aus dem 120 km entfernten Tsengel in mühseligen Tagesritten geholt. Es ist ein respektvolles Zusammenleben zwischen Tier und Mensch. Ein Tier wird nur geschlachtet, wenn Fleisch zum eigenen Verzehr bzw. zum Tauschgeschäft benötigt wird. Die Dorfnachbarn besitzen einen Jeep, mit dem sie andere Lebensmittel wie z. Bsp. Reis und Mehl von Tsengel aus transportieren können, um Elayanas Famile zu unterstützen. So können dann köstliche selbstgemachte Nudeln auf den Mittagstisch kommen. Das Leben der Nomaden ist nach westeuropäischen Verständnis sehr hart und gewöhnungsbedürftig. Im Winter herrschen bis minus 30 Grad. Die Nomaden sind *weidende* und *herumschweifende* Menschen, abgeleitet aus dem Altgriechischen *nomas*, die aus ökonomischen Gründen eine nicht sesshafte Lebensweise führen müssen, um lange zu überleben. Aus ernährungs-technischen Gründen und den klimatischen Bedingungen ist die

Lebenserwartung wesentlich geringer als in Deutschland. Mit 65 Jahren gilt man hier schon als sehr alter Mensch.

Elayana ist Hans Dampf in allen Gassen. Das Leben in einem Ger ist mit einem kleinen Familienunternehmen zu vergleichen, vor allem wenn ihr Mann Enkbold als Sherpa und Guide in den unwirtlichen Gegenden des Westaltai unterwegs ist, um Touristen aus aller Welt sicher an den nächsten Ort zu bringen. Sie ist Ehefrau, Mutter, Landwirtin, Köchin, Hausfrau und Organisatorin, um nicht zu vergessen Schamanin. Sie bereitet für uns heute das Hauptmahl vor, kocht und brennt den Milchschnaps, verarztet ihren Mann an der Schulter, redet mit uns Gästen und gibt Anweisungen für die nächsten „Haus"- Ger-Aufgaben an die Kinder. Mit welcher Selbstverständlichkeit die Kinder ihre Pflichten erfüllen, erstaunt uns sehr. Es gibt kein Murren- es wird gemacht. Wir merken, dass die Kinder hohen Respekt vor ihren Eltern haben und auch danach handeln. In der Mongolei werden die Eltern gesiezt, das ganze Leben lang!

Würde einigen Kindern in Berlin auch mal guttun, denke ich gerade.

Da der mongolische Nomade sich sehr respektvoll gegenüber allem verhält, der Natur, dem Universum, den Tieren und den Menschen, behandelt er seine Kinder dementsprechend. In Deutschland werden Kinder stündlich angeschrien und grundlos heruntergemacht (was ich jedenfalls in der U-Bahn und auf der Straße immer so mitbekomme), damit die Eltern sich gute Energie holen und ihren Kindern dieselbige abziehen. Das ist im mongolischen Nomadenleben undenkbar. Zurechtweisungen sind tabu. Es wird den Kindern vorgelebt. Das ist die einzige Erziehungsmethode. Mir fällt auch auf, dass der Nomade wenig redet, sehr leise und bedächtig. Er ist schweigsam, bedient sich seiner Sinne. Augen, Ohren, Zunge, Lippen und seine Haut nehmen viel auf und verarbeiten es zu wenig gesprochenen Worten. Er ist pragmatisch. Was er sagt, hat Hand und Fuß. Ihm sind schweigsame Gäste lieber als nervende Quasselstrippen, die respektlos in seiner Jurte sitzen und sich nicht für sein Leben interessieren, sondern nur über sich sprechen.

Die beiden Kinder haben zurzeit drei Monate Schulferien und unterstützen ihre Mutter im Haushalt. Die lange Ferienzeit ist in den weiten Anfahrtswegen begründet, die die Schüler in der Mongolei zurücklegen müssen. Mirja und Zarina besuchen zum Beispiel die Schule in Tsengel und leben dann dort circa sieben Monate bei der Großmutter.

Nun ist es an der Reihe auch unserer Gastgeberin den nötigen Respekt zu zollen. Heidi überreicht ihr in einem kleinen Ritual besondere spirituelle Geschenke, über die sie sich sehr freut. Die beiden Katags, eine Art Schal, der in Nepal zur Begrüßung geschenkt wird, hat sie gleich an ihrem Altar platziert. Den mit einem Türkisstein versetzten Ring behält sie selbst beim Melken auf. Elayana ist sehr gerührt und bedankt sich sehr leise. Sie lächelt und ist glücklich. Da hat Heidi das richtige Gespür gehabt.

Nachdem Elayana einige häusliche Aufgaben verrichtet hat, setzt sie sich an den Tisch und bittet uns an einem auf uns zugeschnittenes Orakel teilzunehmen. Es handelt sich hier um eine Art Vorgespräch auf das eigentliche Schamanenritual, welches für morgen Abend vorgesehen ist. Wir sind sehr gespannt. Ich hatte mir das sowieso anders vorgestellt. Eine Schamanin zu besuchen, eine heilige Person, eine unnahbare Gestalt, gottähnlich. Was kommt da auf mich zu? Lebt sie abseits vom Volk in einer goldenen unnahbaren Jurte, die von Wachmännern beschützt wird? Sie ist doch eine Art Medizinmann mit heiliger Aura. Und dann treffen wir auf eine in Gummistiefeln melkende Hausfrau. Ich bin nicht enttäuscht, sondern war in meiner laienhaften Gedankenwelt von ganz anderen Umständen aus-gegangen. Eine Schamanin ist äußerlich gesehen eine ganz gewöhnliche Person mit magischen Fähigkeiten, die bei verschiedenen Völkern als Vermittlerin zur Geisterwelt fungiert und als spirituelle, religiöse und heilende Spezialistin angesehen ist. Mit höchstem Respekt erkenne ich an, dass die heilige Aura hinter den Gummistiefeln liegt. Sie kommt von innen und strahlt auf die zu heilende Person aus.

Heidi und ich sitzen Elayana gegenüber. Zuerst schaut sie Heidi an und bittet sie, ihre Fragen zu stellen. Orgi fungiert als Übersetzerin. Es geht hier um Fragen aus dem persönlichen Bereich jedes einzelnen. Heidi folgt den Anweisungen der Schamanin. Nachdem die Übersetzung angekommen ist, befragt Elayana mit Hilfe von 41 weißen Steinen das Orakel. Die ganze Situation wirkt fremdartig und ungewöhnlich.

Danach bin ich an der Reihe und erlebe das gleiche Ritual. Wir sind nun gespannt über den Ablauf des eigentlichen Rituals. Was wird auf uns zukommen? Wie wird vorgegangen? Welchen Nutzen können wir aus dieser für uns befremdlichen Vorgehensweise ziehen? Wir können noch nicht ahnen, dass Turku in dieser Geschichte eine besondere Rolle einnehmen wird.

Ein Höhepunkt weicht dem nächsten. Zu Ehren unseres Besuchs wird am Abend ein Festmahl kredenzt. Leider musste deshalb am Vortag ein Schaf diese Erde verlassen. Turku und Dawaa bereiten riesige Fleischspieße mit Zwiebeln und Leberstückchen vor, die dann gegrillt werden. Das Fleisch ist sehr zart und schmeckt fantastisch. Dawaa braucht nicht einmal würzen, da das Schaf die in der Natur wachsenden frischen Kräuter wie Thymian, Wacholder und Edelweiß gefressen hat. Dazu werden nomadische Leckerbissen und Milchschnaps gereicht. Wirklich ein Festmahl. Geschichten werden erzählt, es wird viel gelacht, Orgi muss ständig übersetzen. Draußen blöken die Schafe, meckern die Ziegen, während wir drinnen in der Jurte einen Gefährten verputzen. Den Rest des Fleisches kann Dawaa einpacken, so haben wir genügend Proviant für den Rest der Zelttour. Nach dem Abendessen geht es Richtung Zelt. Wir haben den ersten Tag hier genossen, sind herzlich empfangen worden und können jederzeit die Jurte nutzen, wann wir wollen. Bevor wir ins Zelt verschwinden, verabschieden wir uns von den ganzen Tieren, die unweit des Zeltes grasen. Hier an dem Sommercamp sind die Wiesen üppig, lebenswichtig für die Ziegen, Schafe, Yaks, Kühe, Pferde. Wollen wir nur hoffen, dass die lieben Tierchen uns in der Nacht in Ruhe lassen und nicht an unser Zelt schnuppern. Jedes Geräusch empfindet man in der Nacht doppelt so stark wie am helllichten Tage, besonders wenn man im kleinen Zelt liegt, schlafen möchte und vor Augen hat, wieviel Tiere sich hier befinden. Und das ist eine Menge.

Wir zählen auf die Hunde, die auf uns achten werden. Mit diesen Gedanken ziehe ich langsam den Reißverschluss der Zeltöffnung zu. Die Klänge des rauschenden Gewässers, lauter als Berliner Straßenverkehr, werden uns in den Schlaf singen.

Jurte im Westaltai (gemalt von Heidi Lindenlaub)

Die Nacht bleibt ruhig. Niemand stört uns. Den Hunden sei Dank, da sie zuverlässig auf uns aufgepasst haben. Das Rauschen des Flusses hat sich bereits als ein gewöhnliches Geräusch in unsere Gehörgänge eingenistet. Es klingt wie Musik in unseren Ohren. Nachdem Frühstück will uns Orgi bei einer kleinen Wanderung begleiten. Die Sonne scheint, es ist trocken. Der verhältnismäßig viele Regen der letzten Tage scheint vergessen. Gegen 11.30 Uhr marschieren wir Richtung Westen los. Ein smaragdgrüner See hinter den Bergen soll das Ziel sein. Bei böigem Wind marschieren wir die steinigen Pfade entlang, an Schafen und Yaks vorbei, die Berge immer in Sichtweite, keine Menschenseele zu sehen, das übliche Panorama des Westaltai. Heidi schaut nach einer Stunde zum Himmel. Da zieht sich wieder etwas zusammen, nichts Neues in der Welt der Berggeister. Haben sie sich wieder Gewittergeschichten zu erzählen? Wir wollen doch den See erreichen, der weiter entfernt zu sein scheint, als angenommen. Nach einer Viertelstunde gehen wir wieder zurück, da sich Vater Himmel ganz gefährlich schwarz gefärbt hat. Mutter Erde ist bis jetzt trocken geblieben, doch Orgi will mit uns nichts riskieren. Werden wir wieder die

Menschen sein, die Regen bringen? Ich möchte eigentlich nicht immer dabei sein. Können das nicht andere Touristen zu einer anderen Zeit für uns erledigen?

Nach einer halben Stunde befinden wir uns wieder in der Jurte. Kaum sitzen wir am Tisch und trinken den leckeren Milchtee, bricht das Unwetter über uns ein. Wie aus heiterem Himmel blitzt und donnert es so gewaltig, dass uns mulmig wird. War es das jetzt? Dann brechen alle Dämme, der Himmel öffnet seine Schleusen, und es regnet wie aus Kübeln. Sogar Hagelkörner haben sich gebildet. Beim nächsten Donnerschlag zuckt Heidi so zusammen, dass ihre Tasse mit dem kostbaren Tee beinahe aus ihrer Hand purzelt. Die Nomadenfamilie und unsere Begleiter bleiben ruhig. Das Gewitter bietet einfach nur Zeit zum Drinsitzen, Essen und Reden. Da die Jurte mit einem Blitzableiter versehen ist, brauchen wir keine Angst zu haben. Für uns ist es dennoch ein beängstigendes Gefühl bei heftigem Gewitter, der Blitz schien in der Jurte einschlagen zu wollen, anstatt in einem sicheren Haus, in einem Zelt zu sitzen. Machen wir uns nichts vor, die Jurte ist nun mal eine Art Zelt, und das meine ich respektvoll. Wir sind derartige Situationen nicht gewohnt. Nach einiger Zeit hat sich das Wetter beruhigt, die Jurte steht noch, als wenn nichts passiert wäre. Ich gehe nach draußen und schaue sie mir an. Ja, wahrlich, sie sieht aus, als wenn sie schon tausender solcher Gewitter erlebt hat. Und die Mönche in der Hauptstadt wissen das ebenfalls.

Beruhigt gehen wir wieder rein und bereiten uns mental auf den großen Abend vor. Nach diesem heftigen Naturschauspiel, vergleichbar mit der Reinigung der Atmosphäre, beginnen Orgi, Elayana und Turku mit den Vorbereitungen für das von uns mit Spannung erwartete Ritual. Dazu werden wir gebeten, die Jurte zu verlassen, bis uns wieder Zugang gewährt wird. Die Schamanin hat die Aufgabe, sich mental auf ihre Arbeit vorzubereiten. Wir warten draußen vor dem Ger, gehen ein wenig spazieren und spüren, wie es allmählich kalt wird. Die Sonne fängt langsam an, sich für den heutigen Tag zurückzuziehen, um sich zur Ruhe zu begeben. Zwischenzeitlich setzen wir uns ins Auto, um uns aufzuwärmen. Wir sind sehr gespannt und neugierig, was auf uns zukommen wird. Nach gefühlten zwei Stunden dürfen wir das Ger betreten, mittlerweile ist es dunkel geworden. Ich frage mich nur, warum das alles so lange gedauert hat. Ich stelle das nicht kritisch fest, sondern nur aus Unwissenheit, da ich keine Ahnung habe, was Schamanentun im Grunde wirklich bedeutet. Hätte ich mich da mal mehr belesen und besser vorbereitet.

Langsam gewöhnen sich unsere Augen an das spärliche Butterlampenlicht. Beim Eintreten in dem Ger ist es genauso dunkel wie außerhalb in der Natur. Was sage ich da? Auch der Innenraum der Jurte gehört zur Natur, er ist die Natur pur. Die Jurtenwand stellt nur eine Membrane dar, durch die die ganze Kraft der Natur hindurchgleitet und den ganzen Raum erfüllt.

In der Jurte soll es finster sein. Dann wird tüchtig gefeuert, dafür ist Turku zuständig. Eine Schamanenregel lautet: Das Feuer hat stark zu leuchten, es mögen sogar Flammen schlagen, damit Schatten und Licht sichtbar werden. Die Schamanin sitzt in ihrer Schamanentracht auf einem besonderen Filz, bzw. Teppich. Ihren Deel und die mit Fransen besetzte Kopfbedeckung hat sie selber genäht. Ein Deel ist ein traditioneller Mantel, der vor allem in der Mongolei seit Jahrhunderten über der Kleidung getragen wird. Er besteht meistens aus Baumwolle, Filz oder Seide. Zur weiteren Schamanenausrüstung gehören ein Bündel mit Bändern, eine Maultrommel, eine Peitsche und die große Hirschtrommel. Orgi und Turku haben Schälchen aufgestellt, und es wird geräuchert. Nachdem wir eine Opfergabe an die Ahnen am Altar gereicht haben, nehmen wir links vom Altar wortlos Platz. Für uns ist alles so unwirklich und unnahbar.

Bevor die Schamanin zu schamanen anfängt, raucht oder schnupft sie Tabak. Dieser Tabak besteht aus Blumen, Kräutern wie Thymian, Wacholder und Weihrauch. Damit ihr die Worte zum Singen auf die Zunge purzeln, braucht es besondere, fördernde Momente und andere Hilfsmittelchen. Orgi und Turku reichen ihr die vorbereiteten Schälchen mit Milchschnaps, Milchtee und Wodka. Sie nimmt in Abständen ganz kleine Schlucke davon, singt und trommelt zwischendurch, und gibt von den Flüssigkeiten Opferspritzer für die Geister und ihren geliebten Altai. Während uns die Düfte des Räucherns umgeben, wird der Raum von Mystik und Zauber eingetaucht. Beim Singen schlägt die Schamanin die Hirschtrommel. Mit welch feiner und wunderschöner Stimme sie ausgestattet ist. Der Klang ihrer Stimme und ihrer Trommel erfüllen die Jurte. Die sogenannten Eingangslieder singt sie zur Einstimmung, sie ist noch bei vollem Bewusstsein. Am Anfang braucht man solche feststehenden Gesänge, um sich in eine bestimmte Atmosphäre zu versetzen. Ist dann die imaginäre Linie überschritten, also der sogenannte Trance-Zustand erreicht, kommen andere Gesänge, die nicht mehr von dieser Welt sind. Die Geister werden gerufen. Abwechselnd über ihre Schultern werfend, fliegt die Peitsche mit den weißen, roten, blauen Bändern mal nach rechts, mal nach links. Und immer wieder singt und trommelt unsere Schamanin. Fasziniert und ein wenig befremdet, haben wir nicht registriert, dass der Rauch gänzlich verschwunden ist. Nun kommt die Gesprächszeit für die Geister, die Ahnen. Die Schamanin nimmt somit Kontakt zu Ihren Vorfahren auf. Da wir uns im Land der Tuwa befinden, erfolgt die Verständigung nur in tuwinischer Sprache. Turku fungiert hier als eifriger und wichtiger Dolmetscher, der die Ausführungen ins mongolische übersetzt, damit unsere liebe Reisleiterin Orgi Heidi und mir berichten kann. Da Orgi des tuwinischen nicht mächtig ist und Turku beide Sprachen beherrscht, ist die Konstellation notwendig und für alle Seiten gewinnbringend.

Zuerst werde ich zur Schamanin gebeten. Ich komme mir vor, als wenn ich zum ersten Mal zum kirchlichen

Abendmahl gehe. Ein ganz besonderer Moment erwartet mich. Ich knie mich vor ihr hin und bin gespannt, was nun passiert. Ich schließe die Augen und versuche in eine andere Welt einzutauchen. Ich sehe nicht, wie sie einen metallenen Gegenstand in die Nähe meines Halses schiebt. Später erfahren wir, dass es sich um einen kleinen Spiegel handelt, das wichtigste Utensil einer Schamanin. Der Spiegel ist das besondere Auge und blickt in dich hinein, vergleichbar mit einem Röntgenblick, der deine Seele durchleuchtet. Fragen werden gestellt, Antworten gegeben, Turku übersetzt, Orgi berichtet. Leidenschaftlich vollzieht die Schamanin ein Reinigungsritual, indem sie die bösen Geister mit der Trommel verscheucht. Sie verausgabt sich dabei völlig, sie ist in Trance und vereint mit ihren tuwinischen Ahnen. Das Ritual ist nach einiger Zeit beendet.

Ich gehe zurück auf meinen Platz, setze mich stumm und andächtig hin und wage nicht zu sprechen. Nachdem die Schamanin einen großen Schluck Milchtee zu sich genommen hat, ist Heidi an der Reihe und wird auf die gleiche Art und Weise schamant, abgestimmt auf ihr persönliches Thema. Wieder

Fragen, wieder Antworten, Turku übersetzt, Orgi berichtet und die Ahnen sagen…

Was wirklich in Elayanas Jurte schamant wird, ist nicht erzählbar und für uns mit einer gewissen Verantwortung auferlegt, respektvoll und demütig mit solchen Dingen umzugehen. Jeder für sich. Respekt und Demut vor der Arbeit der Schamanin, vor dem Schamanismus überhaupt. Was in den Bergen, in dieser Menschenferne geschieht, bleibt hier im Westaltai und in unserem Herzen.

Wer nun aus tiefster Überzeugung etwas vom Schamanismus erfahren möchte, sollte sich auf den langen Weg machen und hierherfahren, ans Ende der Welt, wo sich die Berggeister viele fantastische Geschichten erzählen, und wo sich noch Tier und Mensch mit gegenseitigem Respekt begegnen.

Heidi und ich nehmen die gesamten Eindrücke mit ins Zelt am rauschenden Fluss. Wir wachen in der Nacht mehrmals auf und frieren mächtig, es ist echt kalt. Wir überlegen, in die Jurte zu ziehen. Ein sternenklarer Nachthimmel wacht über uns. Mir kommt es vor, als wenn uns das Schamanengespräch sämtliche Wärme aus dem Körper gezogen hat, um die reinigende Urkälte des Universums zu spüren. Wir ziehen uns noch zwei Pullover an und schlafen wieder ein.

Für zwei Tage ins Nomadenleben eingetaucht

Abschied naht. Heute, wir schreiben den 3.Juli, geht es nach Tsengel. Turku freut sich, seine Frau wiederzusehen. Ich werde die Hunde vermissen, die mir ans Herz gewachsen sind. Das sage ich, der mit Hunden eigentlich nicht viel zu tun hat. Vielleicht liegt es daran, dass es Hunde einer Schamanin sind, deren Aura sich auf die umliegende Tierwelt ausbreitet. Mir scheint, dass die ganze Gegend schamant ist, jeder Grashalm, jeder Stein, jede Kräuterpflanze, jede Ziege, jedes Schaf, jeder Yak, jede Kuh, jedes Kamel, jeder Hund, jeder Hügel, jeder Gebirgskamm, jeder Gipfel, jedes Gewässer und jeder Mensch.

Ich gehe nach dem Frühstück auf einem hinter der Jurte gelegenen Hügel und verinnerliche die gestrige Schamanensitzung in Form eines kleinen Gebetes. Orgi hat uns geraten, gute Wünsche an die Ortsgeister zu senden, damit das Unterbewusstsein in dieser Hinsicht aktiviert wird.

Nachdem die Zelte und das gesamte Reisegepäck in beiden Jeeps verstaut sind, geht es an die Abschiedszeremonie. Elayana hat sich besonders in Schale geworfen. Sie trägt einen glänzend türkisfarbenen gemusterten Deel, in dem sie sehr feierlich erscheint, und den sie nur zu ganz besonderen

Anlässen hervorholt. Das verrät uns Orgi, als wir bereits im Auto sitzen und uns in Schrittgeschwindigkeit von dem Dorf entfernen. Es werden vor der Jurte Fotos gemacht, Dankesreden gehalten und wird sich zuletzt herzlich umarmt. In warmer, freundlicher und harmonischer Atmosphäre sagt man sich Lebewohl. Die Hunde bellen zum Abschied, sie werden uns fehlen. Beim Spaziergang durch die Königsheide gehe ich allen Hunden aus dem Weg und wünsche mir ihre Abwesenheit, hier im Altai möchte ich einen von den beiden sogar adoptieren. Wie seltsam und überraschend manchmal meine Gedankenwelt sein kann. Wehmütig drehen Heidi und ich uns auf der Rückbank noch einmal um und schauen auf die Schamanin und ihre beiden Töchter. Sie winken uns immer noch zu. Wir winken zurück, obwohl wir wissen, dass sie es gar nicht sehen können. In diesem Augenblick verspüren wir ein Gefühl von höchster Dankbarkeit. Wir ahnen, dass wir irgendwann in unserem jetzigen Leben an diesem wundervollen Ort zurückkommen werden. Ein Gänsehautgefühl überzieht unsere Körper. Die Jeeps fahren langsam weiter, während die Sonne den Nomadenboden allmählich erwärmt. Nach zehn Minuten kommen wir an der Nachbarjurte vorbei, auf der Wiese sitzen einige Mongolen und winken uns vom weiten zu. Unweit von ihnen stehen einige Stuten mit ihren Fohlen, festgebunden an einem Seil. Sieht nach einer Art Picknick aus. Nur das Seil, welches an zwei im Abstand von dreißig Metern stehenden Holzpflöcken befestigt ist, irritiert uns anfänglich. Orgi gibt uns zu verstehen, dass die Leute ein Stutenmilchfest feiern und wir dazustoßen dürfen. Wir werden sehr herzlich empfangen, man reicht uns Fettgebäck und Schnaps.

Vergorene Stutenmilch (Airag) ist das traditionelle Nationalgetränk der Mongolen und hat einen besonderen Stellenwert. Die wichtigsten Tiere der Mongolen sind Pferde. Sie dienen nicht nur als Reittiere, sondern auch als Stutenmilchspender. Die Milch wird nur zu bestimmten Zeiten gemolken. Heute ist solch besonderer Tag, an dem wir kurz teilhaben dürfen. Um die Stuten überhaupt melken zu können, müssen besondere Maßnahmen getroffen werden. Da Fohlen von der Natur aus viel herumlaufen und der mütterliche Schutzinstinkt ihnen folgt, müssen die jungen Tiere „ruhig" gestellt werden, damit die Pferdemutter ihre gesunde Milch abgeben kann, denn im freien Bewegungszustand ist die Melkprozedur unausführbar. Also werden die Fohlen an einer Leine bzw. an einem Seil angebunden, damit sie während des Melkens nicht in der freien Gegend herumrennen können. Die Stuten bleiben bei ihren Kindern und können gemolken werden. Die Stutenmilch wird in den meisten Fällen nicht roh getrunken, da sie unbehandelt eine stark abführende Wirkung hat. Stattdessen wird sie zu Airag vergoren, indem die durch ein Tuch gesiebte Milch in einen großen offenen Rindsledersack gegeben wird. Es werden auch Holzfässer bzw. in der heutigen Zeit Kunststofftonnen verwendet. Darin wird die Milch mit einem Holzstampfer in regelmäßigen

Abständen umgerührt. Bei der Gärung entstehen circa 2% Alkohol. Das Getränk schmeckt leicht säuerlich, wobei der Geschmack abhängig von der Nahrung der Tiere ist. In jedem Fall schenkt es den Nomaden wertvolle Spurenelemente und lebenswichtige Vitamine.

Das wird heute gefeiert. Wir erfahren, dass die Stuten sehr spendabel gewesen sind. Das ist für die hier lebenden Menschen in Elayanas Dorf ein besonderer Grund zur Freude.

Nein, wir trinken keinen Airag, da er noch nicht gegoren ist.

Nach einer halben Stunde fahren wir durch das Tal weiter. Hier leben die Nomaden gemäß den Jahreszeiten an vier verschiedenen Orten. Jedes Lager ist auf die Jahreszeit zugeschnitten. Die Jurte wird abgebaut, eingepackt und mit Hilfe der Tiere an den nächsten Platz gebracht und hier wiederaufgebaut. Die Tiere helfen den Menschen beim Transport, damit sie selber zu frischen Gras kommen, was wiederum für die Menschen von Nutzen ist. Das Zusammenspiel zwischen Tier und Mensch ist der Grundstein nomadischen Lebens. Die ganze Familie hilft mit, Nachbarn helfen sich gegenseitig, da wird hier und dort gewerkelt, getauscht, eingeladen, die Zeit miteinander verbracht. Das Nomadenleben ist als selbstversorgendes Familienunternehmen zu betrachten. Mobilität ist für Nomaden Überlebensprinzip. Das raue Klima und die karge Vegetation machen die ständige Suche nach neuen Weideflächen zum Mittelpunkt des Lebens. Nomadenleben, das ist ein Leben im Rhythmus der Natur. Das Sommerlager wird oft mitten in der Steppe, an Wasserstellen und Flüssen aufgeschlagen. Im Winter ziehen sich die Menschen mit ihren Herden in die windgeschützten Gebirgstäler zurück.

Am Ende des Tals fahren wir an einem Winterlager vorbei, welches eine Ausnahme bildet. Hier handelt es sich um feste Holzbaracken, die über das ganze Jahr stehen. Dieser Standort ist auf das harte Winterklima im Westaltai abgestimmt und bietet Schutz vor kalten Ostwinden. Es ist für Tier und Mensch dennoch hart genug, in dieser unwirtlichen Gegend zu überleben. Es passiert leider immer wieder, dass Menschen und Tiere erfrieren und von uns gehen. Wenn ein Mensch gestorben ist, wird er per Himmelsbestattung beerdigt. Der Körper des Toten wird als Ganzes in die Steppe gelegt. Beim Transport wird er nicht durch die Jurtentür

117

getragen, da die Schwelle ein Hindernis für seine Seele darstellt, sondern durch eine geschaffene Öffnung im Scherengitter der Wand. Draußen in der Steppe beseitigen Vögel und andere Wildtiere den bloßen Leichnam.

Wir sind heute insgesamt sechs Stunden unterwegs. Es ist eine abenteuerliche Fahrt über 120 km durch die menschenleere Landschaft. Die uns bekannten Gebirgsketten, Ebenen, steinigen Landstriche und Wiesentäler begleiten uns mit dem wunderschönen Farbenspiel des Altai. Durch den ausgiebigen Regen kommen wir an vielen sumpfigen Stellen vorbei, Wasserläufe und Flüsse werden gequert.

Eins weiß ich schon jetzt: in Berlin werden wir das alles vermissen. Es ist einfach faszinierend, durch den Urzustand unseres geliebten Planeten zu fahren, als wenn es kein Ende geben würde. Die Rast machen wir wieder irgendwo draußen in der Weite des Universums. Manchmal fühlen wir uns wie auf dem Mond, ganz woanders, fernab von unserer normalen Welt, eingetaucht in undurchdringliche Traum-landschaften. Mir fehlen nun die Worte, dieses tolle Land immer wieder neu zu beschreiben. Eigentlich könnte ich das Buch jetzt beenden, da alles gesagt ist.

Es kommt nichts Neues mehr, denke ich. Irgendwann ist das Niveau erreicht, dem Leser wird doch langweilig, wenn ich wiederholt von Gebirgsketten, Kämmen, Flüssen, Bäche, Wasserläufe, Seen, Bergeistern und Ortsgeistern berichte, die sich über kilometerlange Ebenen unterhalten und unsere Seelenreinigung, und somit unseren Seelenfrieden vorantreiben. Was kann jetzt noch kommen? Gibt es noch eine Steigerung?

Nach fünf Stunden treffen wir auf eine Reisegruppe mit zwei kleinen Bussen, die in Tsengel gestartet sind. Ein Bus hat sich in einem Wasserloch so tief festgefahren, dass der andere Bus beim Versuch des Rausziehens auseinanderzubrechen scheint. Er schafft es einfach nicht. Wir halten sofort an und bieten unsere Hilfe an. Bayaraa trifft die entsprechenden Vorkehrungen und zieht den Bus raus. Sein Toyota hat wesentlich mehr Power. Man bedankt sich und wir fahren die letzten Kilometer zu unserem Zielort. Wären wir nicht auf der Bildfläche erschienen, hätte die Reisegruppe ein echtes Problem gehabt. In diesem Fall ist sogar das zweite Auto nutzlos. Da hier draußen die Handys nicht funktionieren, hätte man solange warten müssen, bis jemand vorbeikommt oder jemand hätte nach Tsengel laufen müssen, um Hilfe zu holen. Um 16 Uhr kommen wir an. Tuja freut sich, dass wir gesund und munter zurück sind. Zum Abendbrot gibt es leckere mit Yakfleisch gefüllte Teigbällchen, buuts. Schmeckt oberlecker.

In geselliger Runde sitzen wir beisammen. Turku bedankt sich förmlich bei uns, dass wir in sein Haus gekommen sind. Es ist für ihn eine Ehre, uns als Gäste zu empfangen und es erfüllt ihn mit Stolz. Darauf stoßen wir mit Bier und Wodka an. Auch wir halten eine kleine Dankesrede und gehen danach zu Bett. Geschlaucht von der langen Autofahrt fallen wir in einen tiefen Schlaf. Nach fünf Zeltnächten ist es sehr angenehm, in einem festen Bett zu liegen.

Am nächsten Morgen stehen wir später auf, da uns nichts treibt. Wir bleiben heute in Tsengel und fahren erst morgen zum nächsten Zeltplatz an einem anderen Ort im Westaltai. Am Vormittag schlendern wir durch die Ortschaft, die von allen Seiten umgeben ist von Bergen. Ein breiter Fluss spendet Wasser. An den Ufern weiden Schafe, Ziegen und Kühe. Hier in Tsengel leben circa 3000 Menschen. Die turksprachigen Tuwa sind hier zu Hause, werden aber immer mehr von den Kasachen, sowohl gesellschaftlich als auch politisch, unterdrückt. Sie haben in ihrer Heimat keinen leichten Stand.

Die tuwinische Volksrepublik war ein von 1921 bis 1944 bestehender Staat im Süden Sibiriens und stand politisch und wirtschaftlich stark unter dem Einfluss der damaligen UdSSR. 1944 wurde das Gebiet Teil der Sowjetunion, seit 1992 ist Tuwa eine autonome Republik im südlichen Teil des asiatischen Russlands. (Quellennachweis:https://de.wikipedia.org/w/index.php?title=Tuwinische_Volksrep ublik&action=history)

Im Laufe der letzten achtzig Jahre sind viele Tuwiner im westmongolischen Altai angesiedelt, so dass besonders der Kreis Tsengel zur Tuwaregion wurde.

Die Frauen der Tuwa versuchen einen Beitrag zur wirtschaftlichen Absicherung ihrer Familien zu leisten, indem sie Schafswolle zu Filz verarbeiten, aus dem Schuhe, Sitzkissen und andere Produkte entstehen, die dann verkauft werden. Ansonsten verdienen die Menschen mit Viehwirtschaft und Gemüseanbau ihr Geld.

Am Nachmittag fahren wir zur Schlucht des Kamelhalses. Diese Schlucht befindet sich 20 km von Tsengel entfernt. Dort fließen der Khovd Fluss und Zagaaangol um den Kamelhals vor dem Schwarzen Berg zusammen. Auf 5 bis 6 km kann man erkennen, wie der Fluss auf der einen Seite weißes Wasser, durch den Gletscherfluss entstanden, und auf der anderen Seite schwarzes (klares) Wasser hat. Der Kamelhals ist ein riesengroßer Sandhügel, der die Form eines liegenden Kamels hat und sich vor dem Schwarzen Berg befindet. Die dadurch entstandene Schlucht kann bewandert werden. Leider müssen wir darauf verzichten, da der Weg durch Erosion mit Sand verschüttet ist. Dennoch schenkt uns die Natur atem-beraubende Bilder von den umliegenden Bergen in den uns bekannten Altaifarben. Der sandige Kamelhals mit seinen charakteristischen Rillenspuren spiegelt sich im Wasser. Wie sind nur diese Spuren entstanden? Wir denken in diesem Moment an die Nasca-Linien in Peru. Und sie verschwinden nicht, standhaft gegen jede Witterung, seit hunderten von Jahren. Ein Naturwunder liegt vor uns, dessen Berggeister sich gegen die Neuzeit wehren. Sollen wir hier sein und es bewundern? Oder sollen wir die Natur ihrem Schicksal sich selbst überlassen, und sie von weiter Ferne verehren? Wann wird der komplette Hügel die Zeichen setzen und noch mehr Sand der Schlucht geben, so dass man sich hier gar nicht mehr bewegen kann. Heute, am 4.7.2017 ist es mir und Heidi noch vergönnt, bis zum Eingang der Schlucht zu gehen und einen kleinen Blick zu wagen.

Vorher treffen wir auf einen merkwürdigen Kumpel, den wir nur vom Weiten sehen. Er hockt im steinigen Gelände und bewacht den Eingang. Als wir etwas näher herangehen, wird uns die Auflösung präsentiert.

Der Wächter besteht aus zwei unterschiedlich großen Steingebilden, die im Abstand von ungefähr zehn Metern hier ihren Platz gefunden haben. Unser Gehirn nimmt die Informationen auf und formt die beiden Steine zu einer Figur.

Wir sehen nur einen Bruchteil, können das Gesamtbild der Schlucht nur in unseren Vorstellungen visualisieren.

Es ist der Wunsch der Berggeister, denken wir. Nur sie entscheiden, wann Schluss ist. Es gibt auch Naturschauspiele, die wir nicht erleben sollen, sondern in unseren Träumen weiterleben lassen. Als wir zurückkehren, blicken wir noch einmal auf den Eingang der Schlucht. Das weiße Wasser des Gletscherflusses schießt um die Ecke und vermischt sich mit dem dunklen Nass des Khovd Flusses und scheint die Dunkelheit zu vereinnahmen. Zwei Welten treffen aufeinander. Die Reinheit besiegt die Macht des Dunklen. Mit dieser Symbolik steigen wir wieder ins Auto und fahren zu unseren Gastgebern zurück.

Zu erahnen ist die Schlucht des Kamelhalses

Kinder in Tsengel

Wir schreiben Mittwoch, den 5.Juli 2017. Gegen 10.30 UHR verlassen wir Tsengel bei herrlichem Sonnenschein. Vater Himmel begrüßt uns fast wolkenlos. Ziel ist ein namenloser Ort im weiten Westaltai, irgendwo in einem Lärchenwald an einem reißenden Fluss. Den Platz findet man auf keiner Karte, ich wüsste ihn nicht nur annähernd zu lokalisieren.

Am Ortsausgang tanken wir Wasser auf und führen an einer heiligen Stätte ein kurzes Schutzritual durch. Dann geht es über Schotter -und Sandpisten durch das Gelände. Nach gut einer Stunde erblicken wir die ersten Lärchenwälder. Ein neuer Anblick, ein neues Landschaftsbild, welches wir bisher noch nicht bewundern konnten. Nach einer weiteren Stunde erreichen wir eine Anhöhe und blicken auf eine unendlich weite Ebene, die wir durchfahren werden. Sie kommt mir weiter vor als alles bisher Dagewesene. Am Ende der Ebene schließen sich von kleinen Lärchenwäldern besäumte Gebirgsketten an, hinter denen in weiter Ferne schneebedeckte Gipfel zu erkennen sind. Auf einmal ist es ganz still im Auto. Heidi muss sich die Nase putzen, kein ungewöhnlicher Vorgang. Bayaraa erschrickt in diesem Moment und hat Angst um sein Auto. Ein kurzes klärendes Gespräch mit

Orgi, die uns dann übersetzt. Im ersten Moment hat er gedacht, dass ein Reifen geplatzt wäre, kurzes Gelächter und weiter gedrückt aufs Gaspedal.

Ja,ja der Witzbold Bayaraa, hat er uns doch hinters Licht führen wollen. Müssen wir doch seinen trockenen Humor erst einmal durchschauen.

Wir fahren auf dem Sandweg immer geradeaus, es scheint, wir queren die Ebene, doch urplötzlich nimmt Bayaraa das Gas weg und biegt links ab. Wir fahren nun über unwegsames Wiesengelände längs der Ebene in Schrittgeschwindigkeit. Bayaraa weiß genau, wie er sein Auto zu lenken hat, und in welche Richtung wir müssen. Wir treffen keine Menschenseele, kein Tier, kein Lebewesen. Willkommen in der einsamsten Wildnis, die man sich überhaupt vorstellen kann.

Halt, ich habe mich zu korrigieren. Ein paar Seelen sind doch hier, und zwar Murmeltiere und Pfeifhasen, die hier um die Wette flitzen. Wir steigen kurz aus, um sie zu beobachten. Doch schon haben sie sich in ihrer Höhle versteckt. Wir fahren weiter, und dann sehen wir sie wieder. Murmeltieralarm! Zack und zack bewegen sie sich über die Ebene. Bayaraa hat seit zwei Tagen kein Fleisch gegessen und steuert sein Auto auf die armen Tiere, aber in solch einem Abstand, der eine

Verletzung der Tiere ausschließt. Er täuscht eine Murmeltierattacke vor. Heidi kreischt vor Schreck, sie hat Angst um die niedlichen Tiere, merkt dann aber schnell, dass unser Fahrer nur Spaß macht. Seine Frau Orgi würde ihm schon kräftig die Leviten lesen. Laut lachend lenkt er sein Gefährt wieder in die normale Bahn und weiter geht´s auf der Piste.

Am Ende der Ebene machen wir eine kleine Rast. Nach insgesamt fünf Stunden erreichen wir eine Kontrollstation, an der wir uns anmelden müssen, um in das dortige Naturschutzgebiet zu gelangen.

Um 16 Uhr erreichen wir unseren Zeltplatz. Er befindet sich an einem idyllisch gelegenen Lärchenwald direkt am Wasser. In dem leicht hügeligen Wiesengelände bauen wir unsere Zelte auf. An diesem Ort sind wir alleine, irgendwo einige Kilometer weiter leben einige Kasachen in einer kleinen Jurtensiedlung, die wir morgen besuchen werden. In diesem weitläufigen Gebiet leben vereinzelt einige Menschen, die sich hier niedergelassen haben. Aber davon werden wir nicht gestört. Vor dem Abendessen gehen wir noch in den Fluss, um uns abzukühlen. Das Wasser ist angenehm. Natur pur. Barfuß gehen wir auf weichem Moosboden zum Zelt zurück. Wann bin ich mal barfuß durch den

Wald gelaufen? Ich gehe über Äste, dann wieder über Moos, und wenn etwas auf den Boden krabbelt, macht es mir nichts aus. Ich trete nicht darauf.

Hier im mongolischen Westaltai nimmt man die Natur ganz anders auf, mit viel mehr Leichtigkeit und Gelassenheit. Mir scheint es, meine Füße sind eins mit dem natürlichen Boden, ich bin der Boden, aus dem die Erde geschaffen ist, ich bin die Natur, ich bin ein Grashalm, ich bin ein Stein, ich bin ein Fels, ich bin ein Hügel, ich bin ein Gebirgskamm, ich bin ein Fluss, fernab von westeuropäischen Leben mit all den kranken Umwelteinflüssen. Hier ist die Luft nur die Luft, wie Gott sie geschaffen hat, frei von Elektrosmog, der uns Menschen bestimmt nicht guttut. Heidi und ich stehen am Wasser, glücklich benommen von den rauschenden Klängen, und schauen durch die prächtigen Lärchen auf die schneebedeckten Gipfel des Altai.

Ein Schneeleopard und ein Bär kommen auf uns zu, wandelnd über die Wellen des Flusses. Als sie das Ufer erreichen, an dem wir fassungslos stehen und in ihre glitzernden Augen schauen können, sagen sie folgende Worte zu uns:

Seid wachsam und achtsam mit den Geschenken der Natur, respektiert jedes Lebewesen, so wie wir Euch respektieren. Wir waren zuerst da, aber Ihr Menschen habt die Angewohnheit, alles Euch anzueignen, ohne über die Folgen nachzudenken. Handelt mit Vernunft und Demut.

Nachdem die Worte gesagt sind, gesellt sich ein prächtiger Adler zu ihnen. Er mustert uns mit seinen dunklen sanftmütigen Augen und bleibt stumm, als wolle er sagen: Hört auf die beiden, denn die haben Recht!

Heidi und ich blicken uns an. Wir wagen, nicht zu sprechen. Wir wissen nur zu gut, dass es die Wahrheit ist. Die drei Naturbotschafter drehen sich um und verschwinden allmählich aus unserem Blickfeld und sind nach einer Weile nicht mehr zu sehen...

Nach und nach stellen wir fest, dass wir uns an einem sehr romantisch gelegenen Ort befinden, von seiner Idylle wir uns verzaubern lassen. Die von Lärchen durchzogene Landschaft, umgeben von weichen grünen Gras, welches immer wieder von Wasserläufen unterbrochen wird. Der Fluss schlängelt sich durch die Natur, dem Horizont entgegen, während auf den hügeligen Wiesen schwarze und braune Schafe weiden. Das Blöcken der Schafe, die Musik der Vögel, das Rauschen des Wassers und die leichten Klänge des Windes vereinigen sich zu einer genussvollen Sinfonie, untermalt von den Bildern gottgegebener Schöpfung. Die umliegenden Berge schenken uns durch das wechselnde Spiel der Wolken die verschiedenen Farben der hiesigen Gegend. Im abwechselnden Zeitraffer erscheint uns das Gebirge blau, grün, schwarz und rot. Das Universum betätigt dabei den Helligkeits- und Kontrastregler, um Heidi und mir verschiedenste Nuancen zu präsentieren. Am Ende der Welt schimmern die so geliebten Gipfel im ewigen Schnee.

Am nächsten Tag besuchen wir eine kasachische Familie. Während der 45-minütigen Autofahrt kommen wir immer wieder an kasachischen Jurten vorbei. Uns fällt auf, dass sie sich in Größe und Höhe ein wenig von den mongolischen Jurten unterscheiden. Das Gelände, in dem wir uns befinden, scheint endlos zu sein. Der Westaltai an sich, ist ja schon endlos. Nun befinden wir uns innerhalb der Endlosigkeit noch einmal in einem endlosen Gebiet, ist da eine Steigerung noch möglich? Diese Wortspielerei drückt die unfassbare und faszinierende Unermesslichkeit des Landes aus.

Die Begrüßung durch die kasachische Familie fällt höflich und reserviert aus. Höhepunkt ist die Begegnung mit einem Adler. Die Kunst der Adlerjagd ist eine 6000 Jahre alte kasachische und mongolische Tradition, die bis zum heutigen Tage aufbewahrt wird. Die goldenen Adler, so nennt man die Steinadler, nehmen in der Kultur des Landes einen wichtigen Platz ein. Sie leben bei den Menschen und werden für die Jagd eingesetzt. Es ist bemerkenswert, dass dieser nahezu unbezwingbare Vogel so nah den Menschen sein kann. Das liegt daran, dass die Bindung zwischen Jäger und Jungadler sehr früh beginnt, im Alter von circa 3 Jahren. Die Jungadler sollen sich an den Menschen gewöhnen und das Jagen gelernt haben, damit sie unabhängig von der Mutter sind.

Der Jäger ist in der Steppe zu Pferd unterwegs. Er trägt den majestätischen Vogel in seiner ledergeschützten Hand, schaut sich auf dem Gebirgskamm nach Füchsen und Wildhasen um und wartet. Sobald er seine Beute erblickt, reitet er los und lässt seinen Adler fliegen und jagen. Die Jagdtradition zu Pferd mit einem Steinadler ist einmalig. Jäger, Pferd und Adler bilden eine Einheit. Zwischen Jäger und dem Adler entsteht eine richtige Beziehung, der Adler gehört zur Familie und nimmt einen ehrwürdigen Platz ein. Nach ungefähr 7 Jahren wird der Adler in die Freiheit gelassen, er ist nun selbstständig genug, einen Partner zu finden und eine Familie zu gründen, aus der wieder Jungadler hervorkommen, die für die Tierjagd ausgebildet werden. Dazu muss dann der Jäger die Jungvögel aus dem Nest herausnehmen. Während der Ausbildung entsteht die enge Bindung zwischen Mensch und Tier. Steinadler können bis zu 30 Jahre alt werden, mit ausgebreiteten Flügeln 2,5 m breit sein und ein Gewicht von 15 kg erreichen.

Und solch grandioses Tier habe ich auf meiner Faust, ein unbeschreibliches Gefühl. Ich fühle die ganze Aura des Tieres in mir. Der König der Luft auf meinem Arm. Ich spüre den Respekt des Adlers, der erforderlich ist, um die Symbiose zwischen Mensch und Tier entstehen zu lassen, wie sie bei den Adlerjägern und ihren Gefährten existiert. Genauso ist es dem Adler vergönnt, meinen Respekt zu fühlen, oder ist es Angst? Ich habe die Geschichte jedenfalls überstanden und sitze nun mit Heidi wohlbehütet in der Jurte bei Milchtee und Fettgebäck. Die Hausherrin lächelt uns sogar zu, das Eis scheint gebrochen.

In höflicher Atmosphäre verabschieden wir uns und fahren zum Zeltplatz zurück.

Zum Abschluss der Lärchenwaldidylle bereitet Dawaa ein abendliches Lagerfeuer vor, an dem wir uns nach dem Abendessen in geselliger Runde Geschichten erzählen. Viele interessante Feuergeister begleiten uns dabei. Maskenartige Fratzen, tierförmige Gebilde und bizarre Figuren begrüßen uns im Sekundentakt.

Einer der Feuergeister...

Alleine der Wind entscheidet, was er uns anbietet. Alle wünschen uns eine gute Reise zum Khoton See, die letzte Zeltstation unseres Altaiabenteuers.

135

Heute Nacht erleben wir wirklich ein richtiges Gewitter. Während wir im Zelt liegen, donnert und blitzt es gewaltig. Hier im Wald auf der Anhöhe ist uns mulmig zu Mute. Was sollen wir tun? Viele unruhige Gedanken schwirren in unseren Köpfen, die ein Schlafen unmöglich machen. Wir wissen, dass wir sicher sind und uns nichts passieren kann. Doch die Gewitterklänge sind stärker als unser Verstand. Wir flüchten ins sichere Auto und warten solange, bis sich die Wettergeister ausgetobt haben.

Auf Seite 132 und 133 zitiere ich teilweise aus dem Blog-Beitrag Die goldenen Adler der Kasachen und der Mongolen aus der Internetseite Eimer-Eimer
Quellennachweis: https://www.eimer-eimer.de/die-goldenen-adler-der-kasachen-und-der-mongolen.html

Der kasachische Hausherr mit einem seiner Adler

Der Khoton See ist mit dem Khurgan See verbunden und liegt auf 2800 m Höhe, im nördlichen Teil des Westaltai. 20 km weiter westlich befindet sich die chinesische Grenze. Der See hat eine Größe von 50 km² und eine Tiefe von 26 m. An der Küste stehen dichte Wälder, der viele Vogelarten ein Zuhause bietet. Zudem leben in dem kristallklaren Wasser jede Menge Fische. Am frühen Nachmittag des 7.Juli 2017 erreichen wir den Ort. Es ist warm, viele Mücken begrüßen uns, um einen bleibenden Eindruck zu hinterlassen. Das feuchte Klima zieht die Mücken in einer für uns unbarmherzigen Art an, so dass wir leiden müssen.

Die Aussicht ist prächtig. Ein azurblauer Himmel schwebt über das gesamte Areal, wir sind umgeben von vielen Bergen und Gebirgsketten. Es ist ein wunderbarer Ort, wir kommen von einer Idylle in die Nächste. Orgi hat den Platz sorgfältig nach Einsamkeitskriterien ausgesucht, so dass wir die einzigen Menschen weit und breit sind. Ich gehe ins Wasser und erlebe ein Ganzkörperkneippbad. Das Wasser ist unerhört kalt, länger schwimmen ist nicht möglich, aber für eine kurzzeitige Abkühlung geeignet. Zum Abendessen zünden wir einige Sträucher Weihrauch an, um die Mücken zu vertreiben, was ganz gut funktioniert. Aber da sind die Messen bereits gesungen. Nach dem Abendessen sitzen wir noch am Wasser und genießen bei Bier und Wodka die wunderbare Aussicht. Der Mond schwebt am Horizont und wacht über den märchenhaften Ort. Die schneebedeckten Gipfel ragen stolz am Firmament. Alle möglichen Farben des Universums spiegeln sich hier wieder. Violettfarbene Hügel tauchen in saftgrüne Wälder ein. Weiße und hellgraue Steine in allen möglichen Formen und Größen liegen friedlich auf rötlich gefärbter Erde, die durchzogen ist von gelb vertrockneten Gräsern und hellgrünen knöchelhohen Grasbüscheln. Jeder schmerzvolle Mückenstich ist es wert, hier sein zu dürfen, auch wenn sich diese Gedanken in diesem Moment nicht in unser Bewusstsein manifestieren können. Im Abendschein leuchtet der See wie ein smaragdgrünes Meer, ein sternenklarer Himmel meldet sich für heute Nacht an. Mir scheint es, als wolle sich der Westaltai mit allen Sternen im All von uns verabschieden, da es ja morgen wieder Richtung Tsengel gehen wird. Und so wird dann jeder gefahrene Meter ein Zurück in die Zivilisation, raus aus der geliebten Wildnis, raus aus der unberührten und reinen Natur. Die letzte Zeltnacht wird für uns zur Routine, langsam wird klar, dass wir ganz allmählich der Wildnis Lebewohl sagen, wenn auch in ganz kleinen Schritten.

Gegen 10 Uhr am nächsten Morgen satteln wir die Hühner und starten die Rücktour. Über altbekannte Wege, die den Westaltai ausmachen, mit den geliebten Panoramabildern, die uns die letzten zwei Wochen begleitet und geprägt haben, und die noch sehr lange in uns haften bleiben werden. Am Nachmittag erreichen wir den Heimatort von Tuja und Turku. Die beiden Lieben begrüßen uns herzlich und freuen sich auf das Wiedersehen. Jetzt wird uns erst bewusst, dass wir immer herzlich willkommen sind. Das tut gut, es breitet sich wahre Freude aus. Ein letztes Abendessen, freundliche Worte, ein Bier, ein Wodka, Danksagungen und Abschiedsgefühle, die langsam in einem aufsteigen. Ein letztes Mal im Ehebett der Gastgeber schlafen. Dann ist diese Nacht auch vorbei.

Sonntag, 9. Juli 2017. Um zehn Uhr werden beide Autos gestartet, da sie in Khovd für die nächste Reise startklar gemacht werden.

Vorher machen wir noch Abschiedsfotos und bedanken uns ganz offiziell bei den beiden. Herzliche Umarmungen, einige Abschiedstränen, und dann rollen wir vom Hof, im Gepäck viele Gedanken und neue Erkenntnisse. Gedanken über den wahrhaftigen Sinn des Lebens mit seinen wahren Werten. Nach einer dreiviertel Stunde halten wir an einem Owoo und zelebrieren das altbekannte Ritual. Wir bedanken uns für das bisher Erlebte und bitten um Schutz und Sicherheit für die restlichen Tage in der Mongolei und um eine behütete Rückreise nach Berlin. Nach einem Zwischenstopp in Ulgi fahren wir auf wiederkehrenden Wegen und Straßen nach Khovd, dem Ausgangspunkt unserer Tour.

Während der Rückfahrt bekommen wir einen kleinen Vorgeschmack, was uns in der Hauptstadt erwarten wird. Wir sehen vom Auto heraus in den kleinen Dörfern verschiedene Naadamfeste, und wie sich die festlich gekleideten Familien darauf vorbereiten. Für die Reiter- und Bogenspiele wird kräftig geübt. Bereits Kinder tragen ihren Deel und werden in die mongolische Kultur eingeführt. Alle sind froher Erwartung und gut gewappnet für das Fest des Jahres. Nach insgesamt acht Stunden Fahrt erblicken wir in der Ferne viele kleine weiße Punkte. Die vielen Sommerjurten vor der Stadt zeigen uns, dass wir in Kürze unser Ziel erreicht haben. Jetzt liegt die Wildnis wirklich hinter uns. Morgen werden wir mit dem Flugzeug wieder in die Hauptstadt des Landes gebracht. Melancholie und Traurigkeit machen sich bei Heidi und mir breit. Es ist vorbei. Viele Erinnerungen und Erlebnisse tragen wir in uns. Das macht uns wiederum glücklich.

Im Hotel machen wir uns kurz frisch, dann geht es zum Abendessen, das letzte in dieser Runde, da Bayaraa und Dawaa in Khovd bleiben werden.

Am morgigen Montag geht es früh mit dem Flieger in die Hauptstadt, in der Festtagsstimmung herrschen wird. Einen Tag später werden wir einen berühmten Krieger und Feldherrn persönlich besuchen und ihm die Ehre erweisen.

Die beiden Männer bringen uns zum kleinen Flughafen von Khovd. Mit jedem Meter, mit dem wir uns an diesem 10. Juli von unserem Hotel entfernen, steigen Abschiedsgedanken in uns auf. Wann werden wir die beiden wiedersehen? Werden wir sie wiedersehen? Bayaraa und Dawaa, die sympathischen und freundlichen Kerle, die uns mit ihren Fahr- und Kochkünsten begeistert und durch die Wildnis begleitet und durchgebracht haben. Ihre mongolische Ruhe und ihr souveränes Auftreten haben uns absolute Sicherheit vermittelt, wofür Heidi und ich sehr dankbar sind. Das werden wir nicht vergessen. Der Abschied erfolgt auf typisch mongolische Art. Wortlos, herzlich und intensiv. Eine kurze Umarmung, dann verschwinden wir durch die Kontrolle. Wir drehen uns um, winken noch mal durch die Scheibe und verschwinden im Wartebereich. Wenig später hebt die Maschine in den strahlend blauen Himmel ab. Unter uns die rötlichbraun schimmernden Gebirgsketten, die allmählich ihre Farben verlieren. Wir fliegen über den Char Us Nuur, einem großen Süßwassersee und dem umliegenden gleichnamigen Nationalpark.

Die Hauptstadt empfängt uns mit dem Nationalfest der Mongolei, welches jährlich vom 10. bis 13. Juli

143

stattfindet. Das Fest ist religiösen Ursprungs, ist mehrere Jahrhunderte alt und heißt Naadam. Der vollständige Name lautet Eriin Gurwan Naadam und bedeutet frei übersetzt *die drei männlichen Spiele*. Es handelt sich hier hauptsächlich um eine Sportveranstaltung ähnlich den Olympischen Spielen. Die Mongolen messen sich in den drei traditionellen mongolischen Sportarten Ringkampf, Bogenschießen und Pferderennen. Die größten Naadam-Spiele finden in der Hauptstadt statt. Viele Veranstaltungen, Festlichkeiten und die Eröffnung des Spektakels kann man im Zentralstadion von Ulan Bator bestaunen. Für die Mongolen ist es das bedeutendste Fest des Jahres, das Highlight, auf den man das ganze Jahr daraufhin fiebert. Im Rahmen dieses Ereignisses gilt der 11. Juli als Nationalfeiertag, der als Revolutionstag an die Unabhängigkeitserklärung im Jahr 1921 erinnert, mit der offiziellen Eröffnungszeremonie im Stadion. Am heutigen Tag befinden wir uns mit Orgi auf dem Sukhbaatar Platz und beobachten das bunte Treiben. Eine riesengroße Bühne befindet sich an einem Ende des Platzes, auf der verschiedene Darbietungen gezeigt werden. Einige Stände sind aufgebaut, an denen Schmuck und andere Dinge gekauft werden können.

Viele Mongolen haben sich heute ihren besten Deel angezogen, den traditionellen mongolischen Mantel. Und so leuchtet der Platz in den verschiedensten Farben, als wollen die Einheimischen sämtliche Farben der Wildnis, die Heidi und ich noch vor kurzem erleben durften, auf das städtische moderne Leben übertragen. Im symbolischen Sinne kommt zum Ausdruck, dass die wahren Werte der Natur ebenfalls in der Moderne ihren Platz einnehmen und nicht in Vergessenheit geraten. Der farbenprächtige Deel steht für die traditionellen Werte des mongolischen Nomadenlebens, der Ursprung des ganzen Seins. Wir sehen den glühenden Stolz in den Augen der Menschen, wenn sie heute ihren Deel präsentieren und sich gerne für ein Foto mit uns ablichten lassen. Wir feiern heute das Deelfest. Am Abend gehen wir mit Orgi essen, der Abschied naht. Wann werden wir sie wiedersehen? Gleiche Fragen, gleiche Gedanken kommen in uns hoch. Wenn sie nicht gewesen wäre, hätten wir die Tour durch die wundervolle Landschaft mit ihren einzigartigen Bildern niemals unternommen. Orgi, selbst ein Stadtkind, liebt die Natur und den Westaltai, die Berge mit all ihren Ortsgeistern, und das spürt man aufs Tiefste. Sie hat die Tour schon viele

Male gemacht, ihr Enthusiasmus und ihre Leidenschaft lassen darauf schließen, als wäre sie das erste Mal dort. Und das vermittelt sie uns in einer routinierten Professionalität und Menschlichkeit. Sie kennt jeden Stein, jeden Grashalm, jeden Hügel, jeden Wasserlauf, jedes Gewässer, jede Gebirgskette, jeden Gebirgskamm, jeden Gipfel, jedes Tier und jeden Ortsgeist. Durch ihre umsichtige Planung fühlen wir uns auch in der einsamsten Gegend sehr sicher und gut aufgehoben. Dafür gebührt ihr höchste und vollkommene Dankbarkeit. Demütig verneigen wir uns vor Ihrer Leistung.

(Quellennachweis Naadam Fest in diesem Buch auf Seite 143-145
https://de.wikipedia.org/w/index.php?title=Mongolei&action=history
https://de.wikipedia.org/w/index.php?title=Naadam&action=history)

Zwei alte Mongolen präsentieren stolz ihren festlichen Deel

Am Nationalfeiertag besuchen wir den Helden des Landes, den Steppenfürsten und Feldherrn. Ein imposanter Mann mit einer imposanten Geschichte. Er thront draußen vor der Stadt. Alle Mongolen schauen ehrfurchtsvoll auf ihn. Er ist der Held, er wird von allen verehrt. Er ist allgegenwärtig. Restaurants und Hotels werden nach ihm benannt, er hat seine eigene Bier- und Wodkamarke und ist auf etlichen Souvenir-gegenständen verewigt. Er ist kein Sportler, der zur Legende wurde, konnte aber gut reiten und bestimmt auch anständig mit dem Bogen umgehen. Und er konnte sehr gut organisieren. Er lebte zu einer Zeit, die wir nur aus Überlieferungen und Büchern kennen. Sein Geburtsjahr lässt sich nicht genau feststellen, irgendwann zwischen 1155 und 1167. Man gab ihm den Namen Temudschin. In seinem Nomadenvolk lernte er früh Reiten, Bogenschießen und Jagen, alles wichtige Begabungen, die für den Überlebenskampf in der Steppe unerlässlich waren. Zumal das Volk seines Vaters in ständigen Kämpfen mit anderen Völkern stand. In vielen Beutezügen gegen die Tartaren wurde das Gebiet vergrößert und Reichtum angesammelt. Als Temudschin 9 Jahre alt war, wurde sein geliebter Vater von den Tartaren umgebracht. Obwohl er Talent hatte, wurde er aufgrund seines jungen Alters nicht als Nachfolger seines Vaters angesehen. Die Sippe löste sich auf, seine Familie wurde schutzlos um Hab und Gut beraubt. Er stand mit seiner Mutter, seinen drei halbwüchsigen Brüdern und der kleinen Schwester alleine auf weiter Flur und lebte die nächsten Jahre in Armut. Sie mussten immer wieder vor anderen Völkern fliehen, da er für andere Mongolenfürsten aufgrund seiner Abstammung eine Bedrohung darstellte. Er wurde gefangen genommen, lebte in Sklaverei und konnte abenteuerlich fliehen. Dadurch verdiente er sich bei seinen Skeptikern trotz seiner Jugend Anerkennung und Respekt. Er lernte schnell, kampffähige Truppen zusammen zu stellen und Ländereien zu erobern. Er war intelligent, spitzfindig und handelte klug. Temudschin vereinte die mongolischen Stämme der heutigen zentralen und nördlichen Mongolei und führte sie zum Sieg gegen mehrere benachbarte Völker. Sein militärischer Sachverstand, sein Organisationstalent, seine Führungspersönlichkeit und sein Charisma brachten ihm höchste Achtung ein. Im Jahre 1195 wurde ihm ein Titel verliehen, dessen Name bis heute auf der ganzen Welt bekannt ist: Dschingis Khan.

Nach der Ernennung zum Großkhan aller Mongolen begann er mit der Eroberung weiterer Gebiete. Sein Reich weitete sich aus, im Osten bis an das Japanische Meer, im Westen bis zum Kaspischen Meer. Im Jahre 1206 gründete er die Mongolei. Nach seinem Tod im Jahre 1227 wurde das gesamte Reich unter seinen Söhnen aufgeteilt und noch weiter vergrößert. Doch wie vieles im Leben, nichts ist für die Ewigkeit. Die menschliche Gier, Habsucht und nicht endende Machtansprüche führten zwei Generationen später zum Auseinanderfallen des Reiches.

An Dschingis Khan scheiden sich die Geister. Einerseits verschrien als blutrünstiger Massenmörder und Führer einer barbarischen Nation, die nichts von den Gesetzten der Menschlichkeit weiß, andererseits geachtet als schlauer Taktiker und toleranter Politiker, der den eroberten Völkern Religionsfreiheit gewährte.

Es gab eine Zeit, in der Dschingis Khan in der Mongolei tabu war. Die Russen hatten ihn in der damals moskautreuen Mongolischen Volksrepublik zur nationalen Unperson erklärt. Er galt als imperialistischer Kriegsherr, der das Volk bestohlen und Russland überfallen habe. Mit dem Zusammenbruch der Sowjetunion und des gesamten sozialistischen Regimes haben sich die Zeiten geändert. Dschingis Khan ist heute wieder die große nationale Symbolfigur. Im Jahre 2006 wurde das 800- jährige Jubiläum der Staatsgründung gefeiert. Spätestens seit dieser Zeit hat sich das Bewusstsein der Menschen in ein positives Anschauungsbild gewandelt. Altmongolische Stammesnamen dürfen wieder getragen werden.

Wir fahren mit dem Auto aus der Stadt heraus. Bolo und Saihnaa begleiten uns. Saihnaa ist der jüngere Bruder von Bayaraa und ist in die Fußstapfen seines älteren Bruders getreten. Er wird bestimmt auch einmal schlafwandlerisch durch die Steppe und die Wildnis fahren. Es ist warm, die Sonne lacht vom blauen Himmel und beschert uns an unserem letzten Tag Sommerwetter. Heute am Feiertag scheinen alle Mongolen unterwegs zu sein. Wir stehen im Stau, es geht langsam voran und die Fahrt dauert zwei Stunden länger als geplant. Am Ortsausgang in südlicher Richtung machen wir einen kurzen Halt. An der Straße befindet sich ein heiliger Ort, an dem wir meditieren, uns für die gesamte Reise bedanken und um sicheres Geleit für die Reise zum Steppenfürsten bitten.

Hier sind sieben kleine Bauwerke aufgestellt, jeweils drei Holzpfähle in Form eines Zeltes an der Spitze zusammengeknüpft und mit unzähligen bunten Gebetsfahnen übersät.

Als wir uns unserem Ziel nähern, sehen wir ihn bereits von Weitem. Er thront auf einem Pferd, weit draußen in der Steppe, so wie früher, wie in seinem wahren Leben. Seine Körperhaltung vermittelt Stolz und Macht. In der rechten Hand hält er eine Gerte. Er sieht zufrieden aus. Seine Selbstsicherheit überträgt sich auf das ganze Areal.

Schaut her, was ich geleistet habe, Ihr Mongolen. Euer Land, Eure Steppe, Eure Wildnis, Eure Natur, das habt Ihr mir zu verdanken, auch wenn meine Nachfahren das bisschen versiebt haben, Ihr seid frei in Eurem kleinen Land, welches früher mal viel größer war und wir deshalb einen Platz in der Weltgeschichte haben, für immer und ewig. Noch heute staunen die Leute, wie wir mit einfachen Mitteln die halbe Welt beherrscht haben. Ein Hoch auf die Mongolei.

Seine ganze Macht, sein ganzes Tun drücken sich in 250 Tonnen Edelstahl aus. Denn das wiegt er samt seinem Pferd, auf dessen Rücken er sitzt. Die Statue, die Heidi und ich bewundern können, ist 30 Meter hoch und steht auf einem 10 Meter hohen Gebäude mit 36 Säulen, welches als Sockel dient. In dem Gebäude sind Souvenirgeschäfte und Restaurants untergebracht. Das monumentale Reiterstandbild des Dschingis Khan steht 54 Kilometer südöstlich der Hauptstadt und wurde im Jahre 2008 als Denkmal eingeweiht. Es gilt als Sinnbild der Verehrung und dokumentiert den Sinneswandel in der Mongolei. Hier hat der Steppenfürst seinen Platz für die Ewigkeit gefunden. Mongolen und Touristen aus aller Welt haben hier die Möglichkeit, ihm die Ehre zu erweisen und über sein Tun nachzudenken und letztendlich sich selber eine Meinung zu bilden.

Das Wetter schlägt auf einmal um, der Himmel gewinnt an Dunkelheit, die Sonne hat sich bereits verabschiedet, sind es die Gedanken der anderen Völker? Nachdem wir gegessen haben und wieder nach draußen treten, hat sich Vater Himmel blau-schwarz gefärbt. Die Farben des Altai sind überall gegenwärtig. Ist es nun die Rache der unzähligen Menschen, die ihr Leben lassen mussten, als Temudschin die halbe Welt verwüstete? Ich denke gerade, wenn ich zum Himmel schaue, dass die gesamte Erde untergehen wird. Hält die Figur auf dem Betonsockel? Ist es nun späte Genugtuung für die Gegner, dass Dschingis Khan und das komplette Mongolische Reich für immer untergehen werden? Zweihundertfünfzig Tonnen gegen die Gedanken. Wer wird überleben?

Wir steigen ins Auto und fahren zurück in die Hauptstadt. Als wir uns kurz vor Ulan Bator befinden, geht es los. Es stürmt gewaltig und schüttet wie aus Eimern. Durch die Windschutzscheibe sehen wir nichts, Schrittgeschwindigkeit ist angesagt. Ist der Meister vom Himmel gefallen? Hat die Statue gehalten? Oder ist Dschingis Khan nun endgültig besiegt? Wir werden es nicht erfahren. Da wir keine gegensätzlichen Nachrichten hören, gehen wir davon aus, dass alles beim Alten bleibt. Es werden weiterhin Mongolen und Touristen dorthin rausfahren, um die Aura des Mongolenfürsten zu erfahren, um ein Teil der unglaublichen Geschichte zu sein, um zu erkennen, dass es sich um eine der größten Eroberungen der Zeitgeschichte handelt.

Jeder muss für sich selber wissen, wie er mit Dschingis Khan umgeht, mit seinem Handeln und mit seiner Einstellung. Ob er ihn verachtet, oder ihn verehrt und bewundert, oder zumindest akzeptiert und achtet, aufgrund seiner taktischen Leistungen, die wohl unbestritten sind. Tatsache ist, dass er imstande war, ein riesengroßes Reich mit einfachsten Mittel aufzubauen, zu verwalten und zu regieren. Dass dabei menschliche Werte zu kurz gekommen sind oder ganz außer Acht gelassen wurden, ist eine Sache, die kritisch beäugt werden muss. Ob es mit einem saloppen Argument à la *Alles zu seiner Zeit* zu entschuldigen ist, sei dahingestellt.

Abends treffen wir alle Rückreisevorbereitungen und trinken abschließend ein Dschingis Khan Bier. Mit dem unausweichlichen Wissen, dass es morgen wieder in die westeuropäische Gedankenwelt zurück geht, dass wir die Mongolei mit seiner Lebensweise und seiner

Natur im Westaltai hinter uns lassen, versuchen wir einzuschlafen. Vielleicht werden wir von Schneeleoparden, Bären und Adlern träumen, vielleicht werden wir noch einmal die Farben des Altai erleben, vielleicht sehen wir noch einmal die Gebirgsketten, Wasserläufe und Seen mit all ihren Ortsgeistern.

(Quellennachweis Dschingis Khan in diesem Buch auf Seite 147-155
https://de.wikipedia.org/w/index.php?title=Dschinghis_Khan&action=history
https://de.wikipedia.org/w/index.php?title=Mongolei&action=history)

Früh am Morgen begrüßen uns Bolo und Saihnaa im Hotel. Sie werden uns zum Flughafen bringen. Vorher haben wir noch die Möglichkeit, uns von Orgi zu verabschieden. Wir fahren zu einem benachbarten Hotel, in dem Orgi sich mit einer anderen Reisegruppe aufhält. Eine herzliche Umarmung, freundliche Worte und weiter geht es. Nun begreifen wir, dass es die letzten Meter nach Westeuropa sind. Mit jeder Minute, die wir dem Flughafen näherkommen, intensivieren sich unsere Erlebnisse der vergangenen achtzehn Tage und manifestieren sich in unser Gedächtnis, in unsere Seele, die anfängt, ihren Reinigungsprozess zu starten. Denn es sind nicht die Aktivitäten selber, die die Seele reinigen, sondern die Empfindungen, die dadurch in Gang gesetzt werden. Und das geschieht bei jedem einzelnen Menschen auf individuelle Art und Weise. Je positiver diese Empfindungen sind, desto wirkungsvoller ist der Reinigungseffekt. Die Dauer des Reinigungsprozesses ist bei jedem unterschiedlich. Sie kann Monate dauern und lange anhalten. Der Reinigungserfolg drückt sich in Ausgeglichenheit, Gelassenheit und Leichtigkeit aus. Durch stressbedingten Alltag kann der Reinigungsgrad wieder gesenkt werden. Als wir am Flughafen aussteigen und die Schalterhalle betreten, denken wir an solche Sachen nicht, da sich die Prozesse tief im Unterbewusstsein abspielen. Nachdem wir unsere Bordkarten erhalten haben, verabschieden wir uns von unseren Begleitern. Vielleicht gibt es ja ein Wiedersehen. Die kurze Zeit, die wir mit Bolo und Saihnaa verbracht haben, empfinden wir als sehr angenehm, freundlich und harmonisch. Nette, interessante und spirituelle Gespräche bleiben in unserem Gedächtnis.

Wenig später sitzen wir in der Maschine, die uns durch den Himmel nach Moskau bringen wird. Pünktlich heben wir ab und verschwinden in den Wolken, so wie die Hauptstadt unter uns immer kleiner wird und bald gar nicht mehr zu erblicken ist. Über das mongolische Gebirge fliegen wir über Sibirien Richtung Europa. Viele Gedanken tragen wir in uns. Wir fangen an, das Erlebte zu verarbeiten und die in uns schwebenden Bilder zu visualisieren. Glück und Dankbarkeit umgeben uns. Wir sehen noch einmal die unendliche Weite der Mongolei. Alle Unwegsamkeiten des Geländes, durch das wir gefahren sind, werden durch die Reinheit der Natur ausgeglichen. Jedes Schlagloch, jede Wölbung des Weges, jeder Wasserlauf, jeder Stein wird zur planebenen Fläche, über die sich das Auto federleicht bewegen kann. Welche Leichtigkeit wir haben.

Als wir am heutigen 12. Juli 2018 in Berlin ankommen und in unserer Wohnung vor den noch nicht ausgepackten Koffern sitzen, wird uns einiges bewusst. Wir haben die Fenster geöffnet und lauschen den Geräuschen. Es ist nachmittags. Das Gezwitscher der Vögel erfreut uns, und schließen wir die Augen, so fühlen wir uns für einige Sekunden in die Wildnis zurückversetzt. Doch dann ist alles aus. Das Quietschen der Straßenbahn und aufheulende Motorengeräusche machen alles zunichte. Vor unserem Fenster prüft ein Berliner Bürger den Gasbowdenzug seines Mopeds. Er dreht mehrere Male am Gas. Da die Auspuffanlage veraltet ist und der Motor das Benzin nicht ordentlich verbrennt, knattert und pufft es. Eine unfreundliche Abgaswolke wandert durch das Fenster in die Stube und begrüßt uns. Es stinkt erbärmlich. Im Treppenhaus schreien sich die Nachbarn gegenseitig an, um sich in der Lautstärke immer wieder zu überbieten. Es geht um einen falsch abgestellten Kinderwagen und eine nicht verschlossene Tür. Berlin begrüßt uns auf seine charmante Art. Wir sind wieder zu Hause. Es wird dauern, bis man sich an das normale Leben gewöhnt hat. So wie wir in Khovd aus dem Flieger gestiegen und mit dem ersten Schritt in ein anderes Leben getreten sind, so sind wir mit dem ersten Atemzug in Tegel in das alte neue Leben wieder eingetaucht. In uns macht sich gerade eine melancholische Leere breit. Unsere Seelen werden zur Akklimatisierung einige Zeit benötigen.

Dennoch beginnen sich allmählich im tiefsten Inneren Glücksgefühle den nötigen Platz zu schaffen, nur wir merken es in dieser Minute nicht.

Mit Abstand vermag ich zu behaupten, dass wir durch diese wundervolle Reise eine Seelenreinigung erfahren, die uns auf wundersame Weise auf eine andere Ebene bringt, die nur wir fühlen.

Möge der mongolische Westaltai auf Jahrhunderte in der Form bleiben, wie Heidi und ich ihn erleben durften.

Werden wir ihn wiedersehen? Irgendetwas ist in uns geblieben…wer kennt die Antwort……?

*

Ein Ende ist auch ein Anfang

*

gemalt von Heidi Lindenlaub

Ich danke vom ganzen Herzen und mit tiefer Verbundenheit meiner Partnerin Heidi für die seelische Unterstützung bei der Fertigstellung dieses Buches.

Danke für die vielen Hinweise und Anregungen, die ich sehr gut nutzen konnte.

Heidi und ich möchten uns bei folgenden Personen ganz herzlich bedanken, die uns diese tolle Reise erst ermöglicht haben. Die Reihenfolge spielt dabei keine Rolle:
Orgi, Bolo,Bayaraa, Dawaa und Saihnaa
Tuja und Turku
Corinna

Vielen Dank an die Reiseagentur, bei der wir die Reise buchen durften:
Begegnungs-Reisen GmbH
Spieglerweg 4 b
88131 Lindau
Tel. 08382-944803
info@begegnungs-reisen.de

Vielen Dank an den Studienkreis für Tourismus und Entwicklung e.V. Aus der Broschüre *Mongolei verstehen* konnte ich Wissenswertes über die Mongolei in meinem Buch mit aufnehmen, um die Hintergrundinformationen abzurunden. Einige Fakten habe ich übernommen, einige Sätze leicht verändert.
www.studienkreis.org

Die Nomaden ziehen umher, um zu überleben.

So wie wir zur Arbeit gehen, leben sie mit den Tieren und der Natur zusammen.

So wie wir morgens den Computer anmachen, um mit unserer Arbeit zu beginnen, treten sie bei Tagesanbruch vor ihre Jurte und inspizieren das Wetter.

So wie wir mit unseren Kunden reden, führen sie einen Dialog mit der Natur.

So wie wir abends den Computer ausmachen, treten sie bei Abenddämmerung vor ihre Jurte und begrüßen die Nacht.

So wie wir den Materialismus frönen, schätzen sie die natürlichen Urwerte.

So wie wir laute und hektische Gespräche führen, schweigen sie und lassen der Schöpfung den Vortritt.

Nach so viel Demut, Dankbarkeit, Respekt, Achtsamkeit und Gelassenheit und vielen Geschichten, lasse ich Sie jetzt mit diesem Buch alleine.

Atmen Sie durch.

Sie können entscheiden, ob Sie das Buch kommentarlos in die Ecke legen oder in die weite Welt hinaustragen….

Die weiten Ebenen der Mongolei werden es Ihnen danken….